Josep Pla
La calle Estrecha

Josep Pla

La calle Estrecha

Ediciones Destino
Colección
Destinolibro
Volumen 191

© Herederos de Josep Pla i Casadevall. 1982
© Ediciones Destino, S. L.
Consejo de Ciento, 425. Barcelona - 9
Primera edición: mayo 1952
Primera edición en Destinolibro: octubre 1982
ISBN: 84-233-1220-8
Depósito legal: Z. 1129-82
Impreso por Cometa, S. A.
Carretera Castellón, Km. 3,400. Zaragoza - 13
Impreso en España - Printed in Spain

*Esta versión castellana de "El carrer es-
tret" se edita en un momento en que yo
físicamente no podía ocuparme con la debida atención de ella. Debo agradecer en
este caso la colaboración total de Néstor
Luján que ha cuidado de esta versión con
la máxima prudencia gramatical y estilís-
tica y con el mejor entusiasmo.*

J. P.

CUATRO PALABRAS

DESPUÉS de hablar, durante tantos años, de lo que es y no es una novela, se ha llegado a tener una idea tan vaga sobre este género literario, que temo que *La calle estrecha* deba ser considerada como una novela de las del montón.

He aquí, esquemáticamente explicado, lo que sucedió con este libro.

En un momento determinado me pareció divertido, sobre todo para evadirme de la pesada actividad periodística, utilizar la idea stendhaliana del espejo. Así es que hice pasar un espejo — mi modesto espejo — por una pequeña población del país, por una población llamada *Torrelles*, de unos cuatro mil habitantes. El espejo reflejó las imágenes que viven en este libro — imágenes que he descrito lo mejor posible y de acuerdo con las preferencias que mantengo desde la época, ya lejana, en que empecé a escribir: es decir, procurando poner el máximo interés en los detalles.

El espejo me proporcionó una serie de imágenes, pero acabé comprobando que no reflejaban ningún argumento trabado, ninguna arquitectura concreta. Un espejo es una fuerza pasiva, desprovista de facultades ordenadoras. Si el espejo no refleja ningún argumento es que por delante suyo no pasó ninguno. Ahora bien, *como que este hecho me confirmó la sospecha que ya tenía, de que en la vida no se producen argumentos a no ser por una rarísima casualidad — y que, por lo tanto, las novelas con argumento, más que reflejar la vida, arbitran una forma de artificiosidad —, no me consideré lo suficientemente autorizado para ser más papista que el Papa ni, por lo tanto, a modificar ni en lo más mínimo estos reflejos del espejo.*

El sólo hecho de que el público crea que las novelas deben tener argumento, no quiere decir ni mucho menos que existan argumentos en la vida. Esta necesidad del público es lo que demuestra que la vida, llevada al terreno literario, es una segregación informe y caótica de imágenes. La fatiga que produce este caos incesante e incomprensible es lo que hace desear una ordenación y una coherencia, aunque sean artificiales, arbitrarias y completamente inverosímiles. El bosque siempre enerva un poco. El jardín es más lógico y de mayor placidez. La característica de la vida viene definida por su insobornable variedad. Por eso hablamos siempre de la unidad como de un paraíso perdido en una lejanía tan remota que nos deja desolados.

Así, pues, La calle estrecha no contiene ningún argumento satisfactorio. Ponerle uno habría rebasado mi proyecto, que era — repito — utilizar pura y simplemente el espejo. He tratado puramente de practicar la definición stendhaliana en un lugar concreto y determinado. Las imágenes reproducidas por el espejo no están tocadas — ciertamente — de una belleza ideal. Son imágenes absolutamente vulgares, de una extraordinaria vulgaridad. No me he atrevido a modificarlas ni aún mucho menos retocarlas. Son imágenes de la vida tal como es, más que imágenes inventadas y convencionales. Son imágenes de la realidad. En este sen-

tido el presente libro se encuentra en la línea de la prosa que se escribe en los países en que existe todavía una literatura. Esta prosa se halla afectada por un creciente respeto a la realidad prodigiosa e inagotable, grosera y mágica.

Esta novela es, en último término, el resultado que he obtenido pasando mi espejo por la calle Estrecha de Torrelles. Si la pequeña aventura no ha conseguido efectos más conspicuos y brillantes, ello se debe sin duda a que estos tiempos que vivimos no pueden dar más de sí.

J. P.

Palafrugell, otoño 1949.
Cadaqués, primavera 1951.

I

Para ir a Torrelles en tren desde Barcelona ha de descenderse en la estación de Marina de Torrelles. En este lugar, y conectado con los principales trenes, existe un servicio de autobuses que, después de un trayecto de doce o trece kilómetros, rinde viaje en la población. Este viaje no sería pesado si los autobuses fuesen suficientes. Durante casi todo el año, sin embargo, y especialmente en verano, estos vehículos transportan mucha más gente de la que normalmente pueden contener y por ello a menudo es preciso ir de pie o bien encaramado en el aireado techo. En la estación la gente baja del tren, echa a correr y toma el auto por asalto, sin contemplaciones. Yo ignoraba esta característica de mi nuevo país de residencia y por este motivo al penetrar en el autobús he hallado ya todos los asientos ocupados y me he visto obligado a hacer, por consiguiente, el viaje de pie. Así, involuntariamente, he dado la espalda, durante muchos kilómetros, a una señorita morena, de ojos negros, que me ha parecido muy hermosa. Me ha dolido mucho — me ha dolido, sobre todo, dificultar su visibilidad con mi incómoda e inoportuna presencia. He llegado por fin a la población de la que fuí nombrado veterinario titular en circunstancias absolutamente desprovistas de solemnidad, con más pena que gloria, hablando en plata.

En nuestro país, las carreteras que conducen desde la costa al interior suelen poseer un gran atractivo. Acostumbran a atravesar primeramente un paisaje de huertos y árboles frutales de una luminosa regularidad. Penetran luego en el primer repecho de tierras de los tres granos de cereal. Ascienden a continuación por un plano inclinado más brusco y la carretera colea suavemente entre las viñas, los algarrobos y los olivos, y a veces también entre los mágicos almendros. Se atraviesa un pequeño puerto que se expande luego en un valle dulcísimo, unas veces angosto y otras más amplio, que suele estar cerrado por un anfiteatro de montañas, pomposas de pinos hasta su cresta. En la primera parte del viaje la ascensión ofrece al viajero el deleite de la luminosidad y la alegría del éxtasis; a medida que se va subiendo, la lejana visión del mar se va dilatando cada vez más. Cuando, atravesado el puerto, se penetra en el valle, el recién llegado se siente invadido por la calma y el recogimiento.

La impresión que durante este primer viaje me ha causado este país ha sido francamente buena. Me ha parecido que el valle en el que se asienta Torrelles es muy vasto y positivamente rico. El sistema montañoso que lo cierra a norte y poniente me ha causado la impresión de poseer una gran densidad de árboles y una rica abundancia de masías. Más allá de la cresta, muy lejos, cerrando el horizonte remoto, se distinguen los típicos perfiles del Montseny, el Turó de l'Home y Les Agudes.

Ya en Torrelles, y una vez apeado del autobús, me he dirigido a la Fonda del Comercio, con intención de instalarme en ella. En principio, la fonda me ha causado una deleznable impresión. La experiencia me la ha confirmado luego copiosamente. He creído hallarme frente a un negocio — en el país hay muchísimos de esta clase en cualquier ramo — de los que marchan solos, por pura inercia, a pesar del descuido de sus propietarios. En nuestro país es fácil encontrar empresas admirables y ávidamente regidas; pero también es usual descubrir otros negocios que no interesan en absoluto a sus beneficiarios. Estos señores siguen al frente de los mismos porque algo hay que hacer en la vida para matar el tiempo, por una suerte de pereza eterna que impide liquidarlos. Son personas caprichosas y hastiadas que se interesan por todo menos por lo que hacen habitualmente. El número de seres humanos que sobrelleva durante toda su vida una ilusión no formulada es considerable, sobre todo en esta comarca. Casi todo se realiza de una manera provisional, de un modo precario y mecánico. Y por eso hay tan pocas cosas que marchen bien.

Esta fonda la regentan dos hermanos — exactamente un hermano y una hermana —, personas ya maduras, de cierta edad, con una curiosa característica: la marcada tendencia a tratar a todo el mundo con la mayor consideración, menos a sus clientes. Ha quedado grabada en mi memoria la sorpresa que se pintó en sus rostros al anunciarles mi intención de alojarme en aquella casa durante una larga temporada. No demostraron ni la más imperceptible muestra de interesarse por esta noticia. Muy al contrario, su cara parecía decir: «Este señor tiene unas pretensiones notoriamente exageradas.»

Se trata, como habrán podido suponer, de una fonda especializada en cobijar viajantes de comercio. Existen pueblos en los cuales estas honorables personas deben pernoctar por fuerza, porque las comunicaciones están organizadas de tal modo que no es posible evitarlo. Es una especie de lotería — quizá mejor un monopolio — que ha tocado graciosamente a determinados establecimientos por designios de la Providencia en colaboración con la desidia humana. Cuando se produce el reparto de semejante suerte, el establecimiento se embrutece y se convierte en un elemento contrario a los intereses humanos más respetables.

Transcurridas las primeras horas en la Fonda del Comercio, comprendí que me había extralimitado al suponer que se podría pasar allí una larga temporada. Contra esta optimista hipótesis mía aparecieron pronto síntomas inequívocos.

Llegué a la fonda media hora antes de la fijada para la cena. Poco después de mi aparición advertí que la señora a la que correspondía una parte de la propiedad del negocio salía con una cesta a comprar mi cena. Ésta se inició con una melancólica anchoa, una rodajita de mortadela y unas mustias hojas de escarola; siguió una tortilla elaborada con aceite marcadamente impuro y un bistec sutil y cartilaginoso como una oreja de gato; como postres, una o dos galletas pétreas. El vino me pareció de baja calidad: un líquido meramente industrial, de una nefasta dulzura. Nunca he sido muy exigente, pero el conjunto me desanimó; y la situación me pareció aún más grave cuando pensé que aquellas vituallas habían sido compradas de prisa y corriendo, pocos momentos antes, por la señora de la casa. La cena respondió a una concepción de la cocina sombría e inhospitalaria.

La habitación, en mi opinión, era apenas útil para dormir, y ello considerando las cosas con notable benevolencia. Llegaba a Torrelles para quedarme, quizás para echar raíces definitivas, para ejercer una profesión de indudable responsabilidad. Era indispensable — una pretensión mínima — disponer de un rincón para leer, para escribir, para poner mis libros y mis cosas, para desplegar una vida aproximadamente normal. Era imposible imaginar la posibilidad de ejercer la veterinaria en Torrelles desde los cafés de la población o divagando por plazas y calles.

—Podrán ponerme sin duda una mesa en la habitación... — dije con un aire casi suplicante al propietario masculino.

—No sé si encontraremos ninguna... — respondió el dueño entre desinteresado e irónico.

—También quizás sería conveniente arreglar esta luz — añadí.

—¿Qué pasa con esta luz?

—Ya ve usted, la bombilla está tan alta, su suspensión es tan lejana que en esta habitación es prácticamente imposible leer o escribir.

—¿No gasta usted muy buena vista, eh?

—Sí, señor. Excelente. Sin embargo, creo que no perderíamos nada haciendo esta pequeña modificación. Además, deberíamos intentar que pudiera apagarse la luz sin necesidad de saltar de la cama.

—Oh, oh, oh... Pide usted mucho...

—Y una silla cómoda para sentarme, ¿no será posible tenerla? Bien poca cosa es una silla...

El propietario no respondió. La petición de una silla le pareció tan extraña que su cara no pudo evitar un acusadísimo aire de estupefacción. Mientras, se encogió imperceptiblemente de hombros, disimulando, como quien no hace nada.

Fuí aún lo suficiente ingenuo para preguntarle si la casa disponía de una bañera, de una ducha, de cualquier procedimiento habitual para mantener un poco de higiene.

—Ya verá usted... —dijo el dueño, algo impacíente—. Esto es una fonda de gente que pasa...

—¿Pero usted no admite la posibilidad de que alguien se quede más de una noche?

—He de añadirle además que cuanto usted pide costará muy caro...

—Perdone. No creo que hasta ahora haya regateado nada. ¿O es que acaso lo he hecho, quizás sin pensarlo?

Le expliqué reiteradamente lo que venía al caso. Le dije que era el nuevo veterinario de Torrelles, que mi profesión me obligaba a vivir en aquel pueblo durante una larga temporada. Que si hubiese sido casado o hubiera llegado con la familia ni por un momento le habría molestado, porque habría alquilado una casa o un piso; pero siendo soltero había creído que lo más adecuado para vivir en un pueblo era instalarse en la fonda. Añadí que a pesar de mi soltería necesitaba, como mínimo, disponer de un rincón habitable por modesto y pequeño que fuera.

Me escuchó con una atención evidente, pero luego me cercioré de que no había despertado en él el menor interés profesional, ni llegué a excitarle ninguna recóndita fibra de hostelero. Mientras hablaba conmigo debían llenar su imaginación otros negocios —debía suponer que su negocio de hotelero era una cosa opuesta a su comodidad y probablemente a su interés. Era de aquellos hombres que proclaman que su profesión los esclaviza. Me encontré, en fin, con un ejemplar de los que no son raros en el país.

Pasé la noche como pude. Si hubiera querido resumir mi situación hubiera tenido que decir que mi llegada a Torrelles no se había caracterizado precisamente por una abundancia de elementos agradables, ni de situaciones poéticas. De todo lo que durante el día se me

ofreció, tan sólo el paisaje, apenas entrevisto desde el
autobús, me había impresionado. Pero el paisaje es la
única cosa que no falla jamás en nuestra tierra.

II

AL día siguiente, muy de mañana, abrí la ventana
de la habitación y me encontré con un día delicioso. Un día típico del mes de junio próximo a la fes-
tividad de San Juan, con toda aquella fuerza del verano
naciente y con todas las gracias de la primavera granada. La ventana estaba situada en la parte posterior
da la fonda; en primer término aparecía un pequeño
huerto con un limonero, un cerezo de un verde salpi-
cado del carmín de las cerezas, y una vieja higuera
de una sólida redondez, como la grupa de una yegua.
Algo más lejos se veía un alargado macizo arbóreo de
un verde denso, que me imaginé serían los plátanos que
bordean la carretera. Por entre las ramas se divisaban
los tejados de las casas de Torrélles, pigmentadas, do-
radas, viejas, de color de piel de albaricoque. La luz
era mórbida y fresca — la luz mañanera y tierna de las
ocho del día. El aire era finísimo, seco y limpio como
filo de una espada y se notaba más todavía viniendo de
Barcelona, donde la atmósfera acostumbra a ser tan
húmeda y compacta. El secreto espíritu de aquella fresca maravilla era, empero, la calma y el silencio que
parecía flotar sobre la tierra: una calma extasiada, un
silencio casi trémulo al cual la algarabía de los pájaros,
el lejano ladrido de un perro, o una voz humana indeterminada, próxima y remota a la vez, hacía todavía
más precioso.

Tomé un café en un bar, que me parece que se
llama Bar Montseny, después de atravesar el mercado de verduras y frutas del pueblo, instalado en la
calle a merced del viento. El mercado me pareció abun-
dante en cosas frescas. Me agradaron sobre todo muchas cestas llenas de cerezas. En Torrelles las cerezas
primerizas las llaman *blanquelles;* tienen un color
carmín no muy intenso, piel finísima y un punto ácido muy agradable y algunas veces presentan breves ci-
catrices porque las ha picoteado un pájaro. También
vendían cerezas más rojas, más grandes y dulces, de
una carnosidad rica y jugosa llamadas — según me
dijeron — cerezas de *matapedra.* Compré de éstas una
buena cantidad — que comí mientras andaba por las
calles y luego en el bar, esperando que elaboraran
el café. Nunca hubiera imaginado que las cerezas li-
garan tan bien con un buen café negro.

En el bar dejé discurrir el tiempo esperando que
en el Ayuntamiento empezasen las «horas de oficina».
Tenía que arreglar mis papeles. Cerca de las once el
propietario (todavía soñoliento) me dijo que le parecía que el trabajo municipal había comenzado; marché hacia el municipio. Tuve suerte — que es siempre
lo mejor que se puede tener en una oficina administrativa. El secretario — un muchacho joven, con un
entusiasmo que disimulaba perfectamente unas ciertas pretensiones — puso rápidamente los papeles en
regla. Al alcalde — un confitero — se le mandó a buscar en seguida. Cuando llegó me dió una bienvenida
calurosa como hombre gordo, cordial y razonable que
era. Se ofreció en todo y para todo y me dijo que tendría sumo placer en verme por su casa.

—En Torrelles tendrá su trabajito... — me dijo.

—¿Lo cree usted así?

—Sí, señor, no lo dude ni un momento. Pero le aconsejo que no se lo tome demasiado en serio. Trabaje poquito a poco. El pueblo es pequeño, pero tiene mucha falda. En conjunto le producirá un buen dinerito...

Era un hombre gordo que hablaba siempre con diminutivos. Me pareció jovial e inteligente:

—¿Dónde quiere usted que firme? — dijo al secretario cuando tuvo la documentación lista —. Ya sabe que yo siempre firmo sus papelitos...

Esta última frase la dijo dirigiendo su rostro hacia mí al mismo tiempo que me guiñaba un ojo imperceptiblemente.

—Y ya lo sabe... — repitió alargándome la mano, una vez terminó de firmar —. Siempre que quiera comer un «bracito de gitano» no tiene más que disponer... Mándeme siempre...

Estas frases las dijo mirando al secretario y tengo la impresión que al pronunciarlas también le guiñó un ojo. Luego regresó a la confitería con aire satisfecho.

Hablamos todavía un rato con el secretario. Tenía en sus dedos todos los hilos de la administración municipal, y me pareció que manejaba la Casa a su antojo. Naturalmente, se esforzaba en demostrar todo lo contrario, para que la gente tuviera la sensación de que su peso era muy ligero, prácticamente inexistente. Así lo solucionaba todo a base de repetir continuamente que él no podía hacer nada.

—Ya nos veremos... — le dije al despedirme.

—Claro..., pero piense que yo en esta casa soy como un cero a la izquierda, un simple empleado, nada...

—¿Quiere callar, por favor? ¡Esto está ya entendido!

Al salir del Ayuntamiento consideré que era indispensable que mi primera visita debía ser para la viuda de mi antecesor, don Cándido Colomer, que había cimentado en la comarca un prestigio sólido y una posición considerable. Llevaba conmigo unas cartas de presentación para doña Pura, la viuda del señor Colomer. La visita tenía mucha importancia y de ella dependía — y la frase no es meramente retórica — mi porvenir en Torrelles. La señora Colomer me podía proporcionar un primer contacto fácil, asequible, con la larga clientela que don Cándido había dejado.

A las doce llamé a la puerta. La casa estaba situada en la calle principal del pueblo — en la calle Mayor — cerca de la iglesia, y parecióme un edificio de antigua construcción, pero bien conservado, excelente. En la puerta — debajo de un esmalte con el Sagrado Corazón, había todavía el rótulo de mi antecesor: «Cándido Colomer. Veterinario municipal». Entregué las cartas que llevaba a una criada y fuí recibido inmediatamente por la señora.

Doña Pura me acogió con un aire compungido y triste. Mi presencia — por la igualdad de profesión — le avivó el recuerdo de su marido dando lugar a la natural escena.

—Usted viene a ocupar el lugar de mi difunto marido, ¡de mi pobre Cándido! — dijo —. Comprenda mi emoción. ¡Y tan joven! Podría usted ser mi nieto... ¡Válgame Dios! — Dada mi total inexperiencia ante estas situaciones, creí que lo más prudente era decir las menos frases posibles. Probablemente doña Pura me lo agradeció. La señora habló durante largo rato: de lo sola que se encontraba debido a su viudez; de la compañía que le hacía su marido; de la inanidad de las cosas de la vida vistas a través de su

considerable cantidad de años. A medida que el monólogo íbase dilatando, doña Pura iba recuperando la
calma que mi visita le había hecho perder. Se retornó
lentamente... Sin embargo, en ningún momento me
pareció que sus palabras tuvieran un tono frío, for-
zado o simplemente protocolario. Me ilusioné pensando que el recibimiento había sido excelente.

Pronto la conversación se desvió hacia las trivialidades de cada día. Primero hablamos de mi profesión, cuya parte práctica y tangible conocía doña
Pura a la perfección. No le solicité nada. Ni tampoco
ella me ofreció nada explícitamente, pero esta parte
de la conversación fué de una cordialidad tan acusada y de una expresividad tan libre, que tuve la impresión de que me consideraba sin reservas como el
sucesor de su difunto marido. Al llegar a este punto
tuve además una agradable sorpresa al darme cuenta
del respeto e interés que ponía la vieja señora al hablar de nuestra carrera. En un país donde la profesión
de veterinario tiene tan poca consideración social de
modo que es considerada como una actividad irriso-
ria, grosera y pestilente, la simpatía de doña Pura me
produjo un admirable efecto.

Luego pasamos a hablar de la población y en general de la comarca, que, según me pareció, conocía
perfectamente. Con este motivo me ofreció una muestra de confianza, considerándose obligada —después
de excusarse— a darme algunos consejos.

—No se lo tome usted a mal —me dijo—, pero
tengo la sospecha de que si sigue el camino de mi marido irá bien. Mi pobre Cándido fué un hombre inteligente. Conocía muy bien a la gente. Acostumbraba a
decir que en este país casi todo el mundo tiende algo
a la suficiencia y a la pedantería, en vista de lo cual

lo que da más rendimiento es mantenerse dentro de una naturalidad y simplicidad permanente. Trataba a todo el mundo de la misma manera y con idéntica cordialidad y afecto. No aduló jamás a nadie, pero tampoco habló nunca mal de nadie. Con los payeses, que será en definitiva también su clientela, se ha de andar con gran tiento. Los payeses son observadores, desconfiados y escépticos. Lo más peligroso que puede hacerse ante un payés es un papel ridículo por imprudencia o petulancia. Si esto sucede es muy difícil recuperar de nuevo la confianza y el prestigio. Los payeses toleran mejor a un ignorante prudente que a un sabio equivocado — y desgraciadamente todo el mundo se equivoca. Si la equivocación se produce, la inteligencia de uno se convierte para el payés en una mera hipótesis de una vaguedad inconsistente. Ha de hacer todo lo posible para que los payeses le comprendan. Ésta fué la constante preocupación de mi marido. Sentía un auténtico horror por las afirmaciones brillantes y singulares, por los juegos de palabras de más o menos agudeza. Según él, sólo contaban las cosas que interesaban a todo el mundo. Además, con los payeses se tiene que hablar claro — se ha de hablar con claridad y prudencia. Con claridad porque ellos no son nunca claros hablando y la verdad es que más que prudentes son desconfiados y tortuosos...

Mientras se expresaba así doña Pura, yo la miraba atentamente. Era una viejecita pulcra, de más de setenta años, menuda y bien conservada, de ojos azules y mejillas levemente sonrosadas y con un cabello blanquísimo y muy suave. Vestía de negro con un pequeño ribete blanco en el cuello del vestido. Pronunciaba lentamente, con una calma deliciosa. Los zapatos los llevaba con botones, a la antigua. Sus manos eran re-

gordetas, con hoyuelos. Hablaba sin gesticular apenas, con un tono de voz uniforme y segura, que sólo
algunas veces interrumpía con un pequeño trémolo.

—Los veterinarios antiguos — añadió — acostum-
braban a ir a matar el tiempo a casa del herrero. Era
su oficina y algunos ponían puntas de fuego a los animales delante los mirones aficionados a respirar el
vaho de carne socarrada que producían los cascos tocados por el hierro candente. Mi marido no frecuen-
tó nunca la herrería pero tampoco tomaba parte en
las reuniones de la gente rica. No era partidario de
asistir al café sistemáticamente, pero agradecía la presencia de las personas que venían a casa a hacerle
compañía un rato. Usted, claro está, se encuentra en
otra situación. Usted es soltero. Tendrá que ir al café.
No le aconsejo la taberna, ni tampoco el casino,
porque ha de saber que en Torrelles tenemos un casino. Le conviene el término medio, el contacto con
la gente de la clase media que, en definitiva — y eso
también lo decía mi marido — es la que tiene más
interés. Ya hablaremos. Quizás el Ateneo Recreativo
es lo que más le convendrá... De todas formas todo
esto es secundario. Lo principal es la carrera. La persona que emprende esta profesión y no parte de la
idea de que quedará esclavizado y sacrificado fatalmente, sería preferible que no comenzara. Lo importante son las visitas, no escamotear las visitas. Es in-
cómodo pero no hay más remedio...

Y hablando de todas estas cosas quiso enseñarme
el despacho y la biblioteca del que fué su marido. El
despacho se me antojó un poco triste — el despacho
de un hombre sacrificado a la gris monotonía profesional — y la biblioteca, excelente. Excelente, claro
está, para su tiempo. Al lado de los libros de la pro-

fesión, descubrí una gran cantidad de libros de Medicina. Estaría ahora fuera de lugar que explicara el porqué este descubrimiento me proporcionó una gran satisfacción. Después doña Pura me invitó a que viera el resto de la casa, lo cual lo consideré como otro buen síntoma. En el tiempo en que vivimos, cuando recibimos una visita — por muy reciente que sea su trato — y las posibilidades de mantener una conversación son escasas, se le propone indefectiblemente enseñarle la casa. De este modo transcurre el tiempo entre cumplidos y hablando con aquella volubilidad espumosa que a nada conduce. Pero me parece que las personas de la edad de doña Pura son diferentes en este aspecto: invitar a ver la casa demuestra una prueba de confianza y es un síntoma de evidente amistad.

Y de este modo y con cierta parsimonia — la señora caminaba lentamente — seguimos las dependencias de la casa: el comedor, muy claro; la cocina; un patio delicioso sombreado por dos grandes tilos; un salón un poco oscuro. En conjunto todo me pareció sólido, burgués — o sea algo pasado de moda — y planteado de un modo confortable. Después subimos al primer piso. Dos habitaciones y un cuarto de baño a la antigua muy espacioso, con una bañera de metal, arcaica y divertida. Al pasar por una de las habitaciones amuebladas con suntuosidad me pareció ver, encima de un cubrecama de terciopelo de color marfil que cubría un lecho, unos montoncitos de papeles que aunque se miraran a distancia se veía en seguida que se trataba de unos papeles excelentes. Su tipografía impresionaba. Eran acciones y obligaciones de diversos negocios del país, colocadas ordenamente con una minuciosidad perfecta.

—Pero, señora, esto es una sorpresa... ¿Cree us-

ted que es éste el lugar indicado para tenerlos? —le
dije—. ¿No le parece que estarían mejor en la caja
de un Banco?

—¡No! Estos papeles son mi debilidad. Lo reco-
nozco. Claro está: no debíamos haber entrado en esta
habitación. Ha sido una distracción mía. Pero la plancha ya está hecha. ¡Perdóneme!

—¿No teme al tenerlos aquí?

—¡Qué quiere que le diga! A menudo me gusta
poder tocarlos y verlos... Los tengo muy bien guarda-
dos, pero cada tres meses los coloco encima de la cama
y empiezo a cortar los cupones... Es una cosa que la
hago durante tantos años que si no la pudiera hacer
ahora echaría de menos esta agradable tarea. ¿Me
comprende? Pero qué distracción, ¡Virgen Santísima!
Ahora sí que realmente me doy cuenta que voy enve-
jeciendo...

Una vez estuvimos en el pasillo, la señora, que llevaba un manojo de llaves, cerró la habitación con un
especial cuidado y una lucidez perfecta.

Esta pequeña anécdota me dió confianza — todavía
no sé exactamente por qué — para solicitar la ayuda
de doña Pura en mi situación doméstica. Le dije que
vista la sensación que tuve, de entrada, en la Fonda
del Comercio, había renunciado a estar alojado allí.

—¡Claro! — exclamó rápida y decidida—. Usted
ha de alquilar un pisito, lo tendrá que alquilar incluso aun suponiendo que la fonda fuera mejor. Usted
debe dar la impresión de que quiere asentarse definitivamente en la población. De no ser así no hará
nada...

—Pero para eso será necesario traer muebles, alquilar una criada...

—¡Naturalmente! Eso es lo que ha de hacer sin

pensarlo ni un momento más. He oído decir que en la calle Estrecha hay un pisito para alquilar. Vaya a verlo. Quizá será lo que necesita. Y si le gusta no pierda ni un instante...

—¿Y la criada?

—Las criadas no abundan y desde que montaron estas dichosas fábricas en el pueblo hay pocas y malas. De todas formas no creo que sea tan difícil encontrar una mujer ya entrada en años. Déjelo en mis manos. Véngame a ver. Cuando no tenga nada que hacer véngame a ver. No gaste cumplidos.

No consideré oportuno prolongar la visita. Me despedí de la anciana señora casi emocionado. Una vez en la calle tuve la sensación — quizá por primera vez en la vida — de estar contento. Hacía un día delicioso de a principios de verano.

III

Por la tarde pregunté hacia dónde se encontraba la calle Estrecha y una vez hallada hice lo posible para ver el piso que estaba por alquilar exactamente en el número 3. Después de algunos inconvenientes — la propietaria de la casa había llegado de Barcelona muy fatigada y había ido a descansar — pude ver el piso. Era extremadamente pequeño y tenía ciertas pretensiones modernas pero era muy limpio. Lo alquilé sin regatear a pesar de que encontraba algo excesivo el precio. Luego envié un telegrama a Barcelona pidiendo que me mandaran los muebles indispensables en el camión del recadero. Consideré que lo más práctico sería completarlos con los que encontraría en Torrelles. Después realicé diversas gestiones, todas ellas relacionadas con la casa — la electricidad, el agua, etc. — y todo ello me obligó a pasar por distintos lugares del pueblo.

Torrelles es una vieja población que años atrás fué exclusivamente agrícola. Antiguamente debió ser muy pequeña, si hemos de juzgar por los vestigios de murallas que la cerraban — murallas que en gran parte fueron allanadas a finales del siglo pasado. En el interior de sus murallas existía — y todavía existe — la iglesia que primero fué románica, luego gótica y al fin convirtióse en un alarde de confitería barroca, blanda, pomposa y petulante. Tras la iglesia estuvo el cementerio cuyo solar se transformó, andando el tiempo, en mercado municipal cubierto. Dentro de las murallas se guarecieron, durante siglos, un centenar de familias, quinientas o seiscientas personas aposentadas sobre la tierra, albergadas en oscuros edificios que formaban un laberinto de calles estrechas, húmedas y marchitas. De las puertas de las murallas salían los caminos de acceso, es decir, el sistema de comunicaciones que tenía a Torrelles por ‘centro. Al margen de cada uno de estos caminos se formó una cinta suburbial — los tres o cuatro tentáculos ondulantes y curvilíneos del pulpo de Torrelles. Más allá de las murallas existían también varias masías esparcidas — algunas de ellas de gran belleza — que en la actualidad han quedado más o menos en la línea de las calles por el ensanche que ha realizado la población.

Esta Torrelles vieja y agrícola debió vivir, durante docenas y docenas de años, en una calma paradisíaca, sin pena ni gloria, comiendo en los años de buena cosecha y comiendo menos en las épocas difíciles. La población, al no estar situada sobre las grandes avenidas de comunicación del país, gozando de una posición marginal, es de presumir que sufrió los golpes de la historia de una manera suavizada, indirectamente. Pero esto no quiere decir que las generaciones de Torrelles hayan pasado por la tierra sin resultado apreciable, preocupados únicamente por resolver los problemas del hambre y el frío, que son los básicos y esenciales. De un modo lento y seguro, los payeses han llevado a cabo su propia reforma agraria, es decir, han comprado la tierra, ante notario, a la Iglesia y a los señores antiguos. En el término de Torrelles la tierra está muy repartida. No existe vestigio alguno de feudalismo eclesiástico ni de feudalismo nobiliario. La tierra está limpia. No creo que todos los pueblos — ¡todavía! — puedan decir lo mismo.

Cuando, en las últimas décadas del siglo pasado, llegó a la población la fiebre del industrialismo — con el consiguiente aumento en los precios de los productos agrícolas — la villa creció y se expansionó considerablemente. Se vió en las murallas el símbolo de otra época, y fueron derruídas casi por completo. Se empezó a construir más allá de las puertas, y el cinturón de las viejas murallas se convirtió en una calle circular, que a comienzos de siglo era la más importante de la población, la más amplia y más animada. Se la llamó la Carretera. El comercio más destacado de la población se trasladó a esta calle, y la villa se amplió con el estilo tumultuoso y anárquico que es habitual en nuestra región. Se levantaron tinglados, almacenes y casitas de uno o dos pisos. Se estableció una primera división entre personas capaces todavía de vivir en el núcleo cerrado y lóbrego de la población y personas que no pudieron ya resistir la antigua estrechez. Vivir en las afueras, tener allí una casa, se convirtió en el ideal de Torrelles; el desplazamiento se puso de moda, y contra la moda toda lucha es inútil. La parte nueva de Torrelles creció. Ricos payeses, propietarios de magníficas casas de la vieja villa, las abandonaron para ir a vivir en deslucidos y mediocres pisos de la carretera. Las grandes casas fueron invadidas por la gente más pobre del pueblo, y se convirtieron en infectos tugurios. Pero todo ello no es en modo alguno exclusivo de Torrelles. Ha ocurrido en muchas poblaciones del país. En realidad este movimiento es el que ha creado la parte moderna de casi todas las poblaciones catalanas que han crecido algo.

En este momento inicial existieron, pues, con el nombre de Torrelles, dos poblaciones totalmente distintas: una población antigua, ruinosa, de un gran carácter, dorada por el sol de los siglos, desordenada, deliciosamente pintoresca, con rincones de sombra decrépita y tejados de cadmio incandescentes — en suma, una vieja población payesa — y una población nueva, fría, insignificante, vulgar, de color ocre, caótica, polvorienta o embarrada, según el tiempo, un guirigay para mal vivir y mal morir, la creación exacta de la degeneración del gusto de nuestros contratistas de obras y albañiles. El conjunto formó un galimatías delirante, pero la mayor parte de la gente lo resistió a la perfección. Cuanto más caótico era el aspecto de la parte nueva de la población, más ostensiblemente se consideraba como un síntoma de progreso. La parte antigua fué abandonada cada día más a la incuria y al desorden de los indigentes. La parte nueva siguió dispersándose y creciendo. El pueblo presenció el hundimiento de los viejos y deliciosos tejados, con la mirada indiferente. Los nuevos edificios, sin gracia alguna, totalmente huérfanos de intimidad, neutros, se cubrieron con vigas de hierro o de cemento armado. Fueron el heraldo del progreso.

Sin embargo, hasta que en Torrelles no se instalaron las primeras fábricas de género de punto, la organización de la sociedad siguió fundamentándose en cuatro elementos esenciales: los payeses ricos, poseedores de una o dos masías y más de cien jornales de tierra concedidos en contrato de masovería, a medias las tierras muy buenas y a un tercio las malas; los payeses acomodados, clase formada por masoveros y cultivadores de treinta o cuarenta jornales, parte en propiedad y parte en arrendamiento; y los payeses pobres, dueños de un huerto, cultivadores de poca tierra, generalmente en arrendamiento. Sobre estos tres grupos se estableció un cuarto: el pequeño comercio de la población, ciertamente parasitario, pero utilísimo, por representar el sector más vivo y eficiente de Torrelles. Los payeses ricos, los acomodados y el comercio constituyeron un bloque de sentimientos y tendencias muy parecidas; su común denominador fué la conservación de lo existente. Los payeses ricos fueron conservadores, claricales y tocados de tradicionalismo; los acomodados fueron conservadores, indiferentes, aunque estrictamente cumplidores del precepto y sensibles al progreso; el comercio fué conservador, cauteloso y de un liberalismo espectacular. El payés pobre ofreció dos matices originados por el temperamento personal: el payés como un residuo del antiguo servilismo, que en virtud de este sentimiento, es del mismo color que el propietario que le da las tierras en arrendamiento; y el payés que vive fuera de los residuos de la mentalidad tradicional y es un contraopinante sistemático y permanente, sobre todo durante los años de miseria. Los *underdogs*, digámoslo en inglés. Es para decir que a primeros de siglo las fuerzas del sentido de conservación tenían una prevalencia decisiva.

Se instalaron las pequeñas fábricas, que aludíamos hace un momento, y este fenómeno produjo la aparición de un nuevo elemento: la burguesía. Y como desde el primer momento el negocio fué bueno, el peso de la burguesía se manifestó en seguida. Fué una clase que trajo ideas nuevas, tendencias desconocidas, sentimientos distintos. La burguesía consideró que el casco antiguo de la población no tenía el menor interés y carecía en absoluto de higiene. La clase burguesa se reclutó en parte de la gente de Torrelles, en parte fué forastera: gente que subió de la nada, trabajadores, tenaces, obsesionados con la idea de vivir bien. Esta clase se hizo construir en la parte nueva de la villa, unos *chalets* al estilo suizo, resultado de la colaboración de señoras gordas y presumidas y de arquitectos ineptos a pesar de sus innegables pretensiones. Los viejos pórticos dorados, las graciosas ventanas góticas de las casas del casco antiguo, fueron añadidas a la arquitectura helvética — matiz germánico de catálogo, se entiende. Pero estas cosas ofrecieron una curiosa novedad, crearon un hecho desconocido en Torrelles: uno se dió cuenta que en su interior se vivía bien. Esto ocasionó un descubrimiento: que los ricos propietarios vivían mal, con una tacañería y una miseria disimulada y decente. En invierno, los propietarios, a pesar de tener su buen hogar, no lo encendían jamás; vivían alrededor de un brasero irrisorio y mal oliente. Los burgueses tenían calefacción, y lo curioso del caso es que ¡la encendían! Durante el transcurso de las tres primeras generaciones burguesas, las familias de esta clase tuvieron — claro está — la primera motocicleta de Torrelles, el primer coche, el primer telé-

fono, la primera bombilla eléctrica, el primer radia-
dor, la primera cafetera eléctrica, el primer aparato de
radio, la primera nevera, y en seguida que llegue la
televisión serán los primeros en tenerla. Asimismo
también fueron los primeros que pudieron decir que
habían estado en Inglaterra, que conocían Londres y
París, el *Oberland bernois* y Florencia, que habían
navegado en trasatlántico, en expresos internacionales
y en fabulosos aviones. Todo ello produjo en Torrelles
una sensación inmensa. Además también coincidió
con el enorme fenómeno de la aparición de señoras
teñidas de rubio y de señores activos, telefónicos y con
«entretenida» fija. Cuando el señor cura creyó que había llegado la hora de mariposear alrededor de la burguesía, el hecho fué considerado decisivo en el sentido de representar la terminación de una época y el
principio de otros tiempos.

El estamento burgués que vive todavía en Torrelles — pues algunas familias se han trasladado ya a Barcelona de un modo definitivo — ha formado siempre
un mundo aparte, que apenas ha tenido contacto con
el pueblo. Ha constituído un mundo separado y rigurosamente cerrado y al cual sólo ha tenido acceso la
autoridad constituída. Lo cual, por contraste, ha hecho
que los elementos tradicionales del pueblo hayan mantenido, ante la nueva clase, un completo aislamiento,
por no decir un profundo desprecio. Los viejos propietarios y burgueses han vivido ignorándose mutuamente, en realidad como gato y perro, ironizándose
unos a otros. Nunca se han avenido para nada. Los
burgueses tienen su casino, que ellos personalmente
no frecuentan, pero que sirve para que tomen el café
sus empleados, sus admiradores y, en realidad, su clientela. Los propietarios y la gente de mediana posición

tienen su local propio, el Ateneo Recreativo, entidad
que tiene como principal finalidad la de vivir tirán-
dose a degüello con el casino. Así, pues, el pueblo está
atomizado y separado por profundas fisuras. Dentro
del sistema de estas recalcitrantes incompatibilidades,
de esta desunión permanente, los conserjes de las alu-
didas sociedades — y de algunas otras también — juegan un papel muy decisivo.

La aparición y funcionamiento de las fábricas creó
una corriente muy acusada de hombres y mujeres hacia la proletarización. Esta corriente se alimentó principalmente de los payeses pobres y acomodados, tanto
de los radicados en la población, como de sus alrededores. De las masías más cercanas y hasta de las más
remotas, aparecieron personas que empezaron a crear
una clase que, cuarenta años atrás, era completamente
desconocida: la clase obrera. Lo cual tuvo una gran
trascendencia porque modificó mucho las ideas y la
manera tradicional de vivir. La disconformidad ganó
terreno de un modo muy visible. Quizás hoy, en términos generales, algunas familias viven mejor que a
primeros de siglo. El pequeño comercio es más rico
que antes. Pero quizás si se prescinde de las aparien-
cias, los pobres son más pobres que antes. Como consecuencia de la aparición de todos estos factores, Torrelles, que en el año ochenta tenía seiscientos habitantes, ahora posee cerca de tres mil quinientos.

Dentro de su medida, es un pueblo absolutamente
standard. La iglesia está servida por el señor párroco,
un vicario y el viejo beneficiado que es a la vez el
organista y se dedica a la erudición local. Existe un
cine que tiene la forma de un almacén de la Sociedad Anónima Cros con el pavimento en plano inclinado; dos salas de baile; dos casinos — o tres — y

distintas tabernas y bares, caja de ahorros con una pequeña biblioteca limpia y agradable; dos entidades bancarias tienen allí su sucursal. Hay sindicato agrícola, hermandad, notaría, central telefónica, dos recaderos y administración de los coches. Cada semana hay en la población mercado de huevos, conejos y pollería, ocas y patos que compran comerciantes barceloneses del ramo. Se celebran dos ferias al año, pero su esplendor — según me dicen — va de capa caída. La fiesta mayor — el tercer domingo de agosto — acostumbra a estar muy animada. La pequeña se celebra por San Poncio, en el mes de mayo. La gente me asegura que los guisantes que se cultivan en el término de Torrelles, son muy apreciados y no tienen rival en dulzura y suavidad. No lo sé. Para comprobarlo he llegado tarde. Pero en todo caso uno de los factores del patriotismo local de la población son los guisantes.

La mayor parte de esta información sobre Torrelles me fué dada por doña Pura durante el transcurso de la larga conversación que sostuve, con tanto gusto y sobre la cual ya hice referencia en el capítulo anterior. En el curso de mis idas y venidas posteriores he tenido ocasión de hablar con diversas personas que me completaron la información. Además, hoy he tenido la ocasión de confirmar *de visu* muchas de las cosas aquí consignadas. Añadiré, en forma de *post scriptum*, que el agua de la población me ha parecido muy buena y positivamente adecuada para un sistema orgánico. Poder disponer de agua buena es muy importante, no únicamente en el momento de beberla — cosa para la cual tengo escasa inclinación —, sino para la condimentación de las cosas en general. Para vivir, el agua es tan importante como los sentimientos.

IV

Hoy he visitado a la señora viuda de don Cándido Colomer y le he comunicado las noticias más importantes; le he dicho que me han visitado los dos primeros clientes y que he debido ocuparme —con resultado todavía incierto— de un caballo y una vaca. Al mismo tiempo le he dicho que había alquilado la casa de la calle Estrecha y que esperaba los muebles de un momento a otro. He tenido la sensación de que escuchaba estas noticias con una extrema curiosidad y satisfacción.

—Y la calle Estrecha, ¿qué le ha parecido? —ha dicho doña Pura.

—No sé cómo decírselo. A primera vista me ha parecido estrecha, realmente. Por ahora no le puedo decir nada más.

—Creo que estará bien allí. La situación del piso, para su trabajo, es acertada. Es un lugar de paso, de mucho tránsito. En realidad es el principal camino de salida de Torrelles hacia la parte campesina. Mi marido siempre lo decía... Y Torrelles ¿qué impresión le ha causado?

—Por ahora me gusta mucho... Si llego a tener un poco de trabajo, creo que estaré bien aquí.

—¡Oh! De eso no se preocupe. Tendrá tanto trabajo como quiera. Si tiene un poco de paciencia y sabe adaptarse, creo también que estará bien... Lo importante es ser paciente. Me han dicho que los jóvenes de hoy no acostumbran a serlo mucho. ¿Es cierto?

—Los jóvenes de hoy, señora, son como los de siempre. Algunos tienen paciencia y otros no. No es que quiera decir que el número de jóvenes alborotados haya dejado de aumentar gracias a las nuevas ideas, pero este aumento resulta insignificante.

—Desengáñese, los jóvenes de hoy día tienen muchas más salidas que en la época de mi marido. ¿No le parece?

—Salidas para morirse de hambre o para vivir mal, hay tantas como usted quiera. De las otras, las mismas de siempre...

—Sí, es posible... ¡Yo ya soy tan vieja!... Todo lo que sé es lo que oigo decir.

—Y hablando de todo, señora, ¿tiene ya alguna noticia sobre la sirvienta que me prometió? Perdone que le recuerde el ofrecimiento, pero es que para mí es sumamente importante.

—He encargado la cuestión a mi familia y ahora espero de un momento a otro sus noticias. Tengo la impresión de que antes de marcharse sabremos algo concreto.

Hablamos de alguna cosa más y de pronto entraron en la habitación tres personas del sexo femenino que saludaron a la vieja señora con muchísimo afecto, después de haber penetrado por orden de edad y en fila india. Fuí presentado a las tres señoras que resultaron ser una cuñada, una prima y una sobrina de la viuda Colomer. La cuñada, la señora Carmen, era una mujer de mucha edad, de una blancura evaporada, extremadamente flaca, rígida, de una flaqueza tubular, que se parecía a una sardina erguida sobre la cola. A la prima la llamaban Gracieta. Era una señora de más de cincuenta años, llena de carnes, de cabellos raros, con una nariz puntiaguda y unos lentes de gruesos cristales. La sobrina, muy joven, se llamaba Anita. Apenas si tendría veinte años. Era una muchacha de pelo castaño, ojos verdosos, de carnosidad fluvial, con una estolidez de mojigata. Las dos primeras señoras y la señorita vestían de negro y el conjunto adquiría una impresionante tenebrosidad.

Cuando las tres personas supieron que yo era el nuevo veterinario de la población me miraron con suma curiosidad. La señora Carmen me saludó con una inclinación de cabeza y una mirada inquisitiva. La señora Gracieta me alargó la mano cordialmente y me miró con unos ojos de pez, después de rectificar mecánicamente sus lentes sobre la nariz. Anita esbozó un movimiento de impaciencia irreprimible al saber que yo era veterinario. Era un ser humano para añadir a la inmensa legión que odia la veterinaria. Me imaginé que era un temperamento sublime y, en el mejor caso, poético.

—¿Hay alguna noticia? — preguntó doña Pura a las señoras, luego que éstas tomaron asiento.

—Sí, tía — dijo rápidamente Anita.

—¿Buenas?

—Parece. Mañana a media tarde vendrá la Francisqueta.

—¿La Francisqueta? ¿De cuál Francisqueta hablas?

—De la que había servido en casa de don Martín Roig...

—¡Ah, sí, magnífico! Excelente cocinera...

—¡Demasiado chismosa...! — observó secamente la señora Carmen.

—Chismosa y charlatana... Es una mujer que no calla ni un momento — añadió la señora Gracieta.

—Pero es una excelente persona y de toda confianza — observó doña Pura.

—¡Ah! ¡Eso sí! — dijeron a la vez las tres personas enlutadas —; la verdad debe ser reconocida...

—Ya lo oye, señor facultativo... —dijo la señora, riendo—. Mañana vendrá la Francisqueta. Tenga la amabilidad de estar presente. Se trata de una mujer de mediana edad que ha servido toda la vida, conocedora de los fogones, persona de confianza, pero chismosa y charlatana. ¿Qué le parece?, ¿Le conviene?

—Francamente, no me parece mal programa... De todas formas espero su consejo...

—¡Yo no la tomaría aunque me la regalasen! —dijo doña Carmen con una acritud despectiva.

—¡Y yo todavía menos! —añadió la señora Gracieta.

—Y a ti, Anita, ¿qué te parece? —preguntó doña Pura.

—Yo, pobre de mí...

—¡Pues yo la tomaría sin pensarlo ni un momento! —proclamó la vieja señora, rotundamente—. Y si me encontrara en el caso de este joven, que es soltero, todavía lo pensaría menos...

—¿Y por qué lo dices? —preguntó doña Carmen con el mismo tono agrio de antes.

—Lo digo simplemente porque me lo parece. Si este joven la contrata, estoy segura que no se arrepentirá. Ya hablaremos más adelante...

—Se ve que cada día ves con más claridad... —dijo la señora Carmen con una sonrisa forzada, pero alterándose notoriamente.

Pregunté a qué hora recibiría la visita de esta persona llamada Francisqueta y Anita contestó que sería al día siguiente antes de las seis. Luego intenté despedirme, pero doña Pura me rogó que me quedara un rato más.

—¿Vas a la novena, Carmeta? —preguntó la viuda, aparentando un gran interés.

—Sí, sí. Voy a la novena.

—Yo no puedo ir, lo siento muchísimo. Las piernas no me pueden llevar, me pesan. El año pasado iba más ligera. Y, explícame... ¿Qué dicen en la novena? ¿Te gustan los sermones?

—Los encuentro tristes. ¡Qué le vamos a hacer!

—¿Tristes, dices?

—Sí, tristes; ¡qué quieres que te diga! Cuando era joven encontraba que los sermones eran inflamados y un poco ligeros. Ahora más bien me deprimen.

—Señal que te encuentras bien, Carmeta, señal que te encuentras bien. Y a ti, Anita, ¿también te parecen tristes los sermones?

—No lo sé, tía, no lo sé.

—¿No lo sabes? ¡Está sí que es buena! ¿Que no escuchas los sermones, cuando estás en la iglesia?

—Sí, señora, sí...

—Que le parece señor facultativo, qué sobrinas presento... Oyen el sermón y no saben qué decir de él... ¡Válgame Dios!

—Debe ser porque se afectan tanto...

—¡No me haga usted reír!

La señora Gracieta intervino entonces en la conversación y preguntó a doña Pura si yo pensaba vivir en la fonda o alquilar un piso. La pregunta fué tan sorprendente, que pensé que la señora Gracieta era sorda o, al menos, algo dura de oído.

—Sí, sí — dijo la vieja señora con una sonrisa bondadosa —. Este joven ha alquilado el piso de la calle Estrecha.

—Exacto; sí, señora. El piso del número 3 — dije.

—¿Y usted irá a vivir a la calle Estrecha? — saltó doña Carmen, hecha una pólvora —. ¡Qué me dice! ¡Virgen Santa! ¿Ya sabe bien lo que ha hecho?

—¿Y por qué esto, Carmen?

—¡La calle Estrecha! ¡Madre de Dios! Pero si es la última calle del pueblo. Yo no iría a vivir a ella aunque me arrastraran...

—Yo tampoco, francamente... — colaboró la señora Gracieta.

—¿Y por qué? ¿Qué tenéis que decir de la calle Estrecha?

—Es la calle que tiene más tránsito de Torrelles. Y también más ruido...

—Muy bien. De acuerdo. Pero todo ello podría ser precisamente lo más conveniente. Este señor necesita precisamente tener el despacho en un lugar céntrico, de mucho tránsito. Además, en su casa, y con las ventanas cerradas, ¿qué ruido queréis que oiga? No me entendéis...

—La calle Estrecha es el lugar de Torrelles en donde menos da el sol... — insistió la señora Carmen con una prontitud contundente.

—Eso es verdad, tía... — añadió la señorita Anita tímidamente.

—Muy bien, perfectamente... pero este señor no puede vivir en un despoblado, en un lugar donde el sol dé de lleno a todas las horas del día... En este mundo es imposible tenerlo todo.

—Es verdad... — dije, participando de las ideas de la señora viuda.

—Este señor no ha venido a Torrelles a tomar baños de sol; ha venido a trabajar de veterinario...

—Todo lo que quieras, pero no puedo sufrir la calle Estrecha. El ambiente de continua chismorrería que se respira en esta calle me ataca los nervios. Recuerda lo que se llegó a decir de tu pobre marido, mi hermano, en la calle Estrecha.

—Pues ahora entrará un nuevo elemento: la Francisqueta.

—Sólo falta ésta, realmente...

—Ya ve, señor facultativo, si será divertida la calle Estrecha. Ya iremos a visitarle en alguna ocasión...

—¡No cuente conmigo! Yo no quiero tener nada con la calle Estrecha... — vociferó, más crispada que nunca la señora Carmen.

—Verdaderamente, Pura, exageras un poco... — añadió, con un notorio mal humor, la señora Gracieta.

—¿Dices que exagero? ¿Y qué hacemos todas juntas, sino chismorrear todo el santo día? ¿En qué pasáis el tiempo, vosotras, sino chismorreando desde la mañana hasta la noche? ¿En qué consiste la vida de Torrelles y de todos los pueblos sino en eterno chismorrear? ¿Cómo pasaríamos el tiempo si no tuviéramos esta distracción? — dijo doña Pura con displicencia.

—Tía, no se lo tome usted así... — dijo Anita.

Consideré que era el momento más adecuado para despedirme — la conversación era asfixiante y terriblemente indígena — y así lo hice a pesar de la amable presión de la vieja señora. Sus parientes me alargaron la mano con una acentuada cortesía, pero con evidente frialdad. Aquellas señoras estaban acostumbradas a discutir, pero yo era excesivamente forastero en la casa para no encontrar penoso todo aquello. La próxima visita quedó fijada para el día siguiente antes de las seis.

V

No teniendo nada más urgente que hacer, he ido a dar una ojeada a la calle Estrecha.

Cuando Torrelles tenía murallas, una de las puertas del recinto se abría frente a poniente. Todavía es visible un vestigio de torre que confirma el hecho. En esta puerta se iniciaba un camino que después de ondular por la parte más llana y rica del término va a parar hacia las masías escalonadas sobre la cumbre. A partir del cinturón de la muralla, de un lado a otro de este camino se construyeron unas casas que forman la actual calle Estrecha. Casi todas ellas pertenecen al siglo XVIII y responden, más que al refinado gusto del siglo, a una concepción un poco abdominal de la solidez. Pero últimamente han sufrido tantas reformas y modificaciones que exteriormente son imposibles reconocerlas. Solamente les queda el alero, la oreja baja del tejado que parece estar hecha a propósito para que debajo hagan sus nidos los vencejos y golondrinas.

Hoy en día la calle Estrecha queda comprendida en el ensanchamiento que ha sufrido Torrelles. Empieza en la Carretera y termina en la pequeña plaza del Olmo, pero a continuación de esta pequeña plaza hay todavía distintas calles, de manera que se puede muy bien decir que esta calle es de las más céntricas. En la plaza del Olmo —que es vagamente triangular y pequeña— he tratado de ver si encontraba el olmo que sin duda dió el nombre a la plazoleta: pero no he visto ningún árbol y menos todavía un olmo. El camino vecinal que iba a las masías y que se iniciaba

en esta pequeña plaza, se ha convertido actualmente
en una pequeña carretera provincial. Y como que sospecho que será esta mi carretera, la he seguido hasta
las afueras del pueblo y, aunque muy polvorienta, me
ha parecido muy bonita.

La calle Estrecha, propiamente dicha, debe tener
como máximo unos ciento treinta metros de longitud.
Su forma es curvilínea — la misma forma que toma la
parte central de una serpiente al arrastrarse por el
suelo.

Utilizo la forma de la serpiente por comodidad y
al mismo tiempo para hacerme entender. También hubiera podido decir que su trazo se asemeja a las alas
de un pájaro cuando las tiene en posición horizontal
y tirantes y completamente extendidas; es decir, cuando el pájaro planea. Esta forma evita que desde la entrada de la calle se vea la salida y viceversa, a pesar
de ser una calle tan corta. Y todavía es más, pues desde
su centro tampoco se ve ni la entrada ni la salida.

En esta calle no he visto, a pesar de mis esfuerzos
y buena voluntad, ningún elemento sublime ni pintoresco; tiene una nota de una obviedad indiscutible:
realmente es estrecha. En sus dos orillas hay un bordillo de piedra sobre el cual puede circular un ser
humano con una evidente facilidad. De todas formas
si esta persona fuera muy voluminosa, como aquellos
hombres tan gordos que antes se veían con frecuencia
por el país y que ahora parece que se hayan marchado
al otro mundo por delicadeza, silenciosamente, los
bordillos de la calle serían insuficientes. Por el centro de la calle — que está adoquinada con baldosas
salpicadas de ojos de culebra — puede circular un carro
o una tartana fácilmente. Se entiende con ello un
carro cargado hasta los topes de paja o de alfalfa. En

este caso los bordillos le dan un suplemento de espacio que le permite transitar con perfecta justeza. Es decir: el cálculo que sirvió para construir la calle fué hecho a base de servir de paso a un carro de payés cargado. Así, mientras el transporte se hizo con estos carros, el cálculo fué perfecto. Hoy, sin embargo, resulta anacrónico y notoriamente insuficiente. Cuando un camión moderno se atreve a pasar por esta calle, ha de colocar todo un juego lateral de sus ruedas sobre el bordillo, cosa que no es nada sencillo, y que, por otra parte, siempre provoca las protestas airadas de los ciudadanos de la calle y también, naturalmente, la de los peatones expuestos a un peligro cierto. Así, pues, la calle Estrecha ha entrado en un período más o menos largo de agonía. Su duración dependerá, claro está, del dinero que se disponga para crear una vía de más ancho y cómodo acceso. El motor de explosión en todo caso desplazará la calle al desván de los trastos viejos. Llegará un momento en que este capricho urbanístico será un lugar silencioso, recogido y quieto. Nuestros hijos — con más seguridad nuestros nietos — verán crecer el ribete verde de la hierba entre los adoquines. Hoy, sin embargo, es el origen de toda clase de pequeños conflictos entre el tránsito rodado, la gente establecida, y el modesto peatón. Uno tiene allí una extraña sensación de peligro: todo parece colaborar activamente para que se produzca una gran desgracia; ver como un aparatoso camión aplasta contra el muro de la calle a un hombre o a una mujer o quizás a una niña de ojos negros y cabellos rubios. Entonces las cosas se arreglarán rápidamente y en seguida la hierba empezará a crecer entre las piedras de la calle.

Si yo tuviera una sensibilidad adecuada a la bruta-

lidad y al tumulto de nuestros días, esta posibilidad
secreta y latente de la calle Estrecha me produciría,
quizás, un comezón de baja curiosidad. Este aspecto de
la vida actual no hace para mi modo de ser, y, sin
embargo, espero vivir en esta angostura urbana de
una manera plácida y tranquila. Hasta incluso espero
que mientras viva en este lugar no me hayan de llamar
para curar las mataduras de algún viejo caballo que
haya resbalado en los adoquines de la calle.

En todo caso me ha parecido que la gente que vive
en esta calle, al menos exteriormente comparte esta
tendencia. Me ha parecido que se trataba de personas
grises e insignificantes dedicadas al pequeño comercio.
Hay un guarnicionero, un relojero, un carnicero, una
taberna que me ha parecido muy solitaria, una minúscula tienda de ropas, una barbería con ciertas pretensiones... Todo este mundo de pequeña gente me
ha parecido muy amable, absolutamente plausible. Mirando sus establecimientos me ha dado la sensación
de que me trasladaba a la época antigua; y en este
caso, antigua quiere decir muy breves años atrás. En
los días laborables este pequeño comercio tiene escaso
trabajo; su existencia, su actividad comercial posee
una cierta atonía. Los días de mercado se anima visiblemente y el trabajo se amontona un poco.

Y eso es todo lo que yo sabría decir luego de una
investigación preliminar de la calle en la cual tendré
que vivir. Ciertamente es muy poca cosa, pero si se
me permitiera haría una confesión: las «pocas cosas»
cada día me apasionan y me gustan más. Ya estoy tan
cansado de comprobar que detrás de las «grandes cosas» no hay absolutamente nada, que casi inconscientemente me acostumbro a valorarlas con un criterio
contrario a sus dimensiones externas.

VI

Doña Pura ya me esperaba a la hora fijada y al entrar en el pequeño salón (donde se notaba, en aquella calurosa tarde de finales de junio, una penumbra y una deliciosa frescura) ví que sentada frente a ella estaba una mujer de mediana edad, pequeña y voluminosa, de cara roja y unos ojillos muy vivos, vestida de obscuro, a la antigua, con un talle ceñido a la cintura y varios refajos debajo de las faldas. Debajo del pañuelo negro que llevaba a la cabeza aparecía el volumen producido por un moño arcaico. La mujer estaba sentada imitando la manera que lo hacen las señoras cuando van de visita. Estaba rígida, la cabeza algo caída y las dos manos cruzadas sobre el vientre prominente.

La señora nos presentó. Era la Francisqueta. Nos miramos fijamente un instante. Ella con una extraordinaria intensidad: una de aquellas miradas destinadas exactamente para tomar la medida. Yo con la simple curiosidad de la persona poco acostumbrada a esta clase de asuntos.

—Este joven, doña Pura —dijo en seguida Francisqueta—, no tiene cara de haber contratado muchas criadas en su vida.

Esta afirmación resultó tan inesperada que quedé confundido y avergonzado.

—¿Qué criadas quiere usted que haya contratado si hasta ahora ha hecho vida de hijo de familia? —dijo doña Pura—. Este señor tiene la familia en Barcelona. Es el nuevo veterinario de Torrelles, el sucesor de mi pobre Cándido. Espero que será usted la primera cocinera que tendrá en la vida...

—Sí, sí, señora... Pero este señor es muy joven y los jóvenes, ¿comprende...?

—¿Qué quiere decir?

—Los jóvenes, doña Pura, son difíciles de tratar, tanto los de aquí como los forasteros... No están aclimatados a las cosas de la vida, no saben lo que es una criada, porque su mamá se cuida de todo y les dice lo que deben hacer. A mí déme personas mayores, como usted, y si se trata de hombres que viven solos que sean viejos solterones de barba fuerte, aunque padezcan mal de piedra...

—Vaya, Francisqueta, no me deje usted en mal lugar —dijo la vieja señora sonriendo amablemente —. En primer lugar, este joven que tenemos aquí delante, no es tan joven como parece. Piense que es un señor de carrera, ha hecho todos sus estudios, es una persona de conocimientos...

—Pero ¿qué vamos a hacer de los estudios y conocimientos? Para tratar con el servicio los estudios no sirven para nada. Desengáñese, lo que vale es la experiencia. Eso, eso es lo que le quita a uno el pelo de la dehesa, como quien dice.

—Tiene razón, Francisqueta, tiene toda la razón; pero ahora se trata de un compromiso. Piense que este señor viene a ocupar el lugar de mi pobre marido...

—Ya puede usted decirlo... ¡Pobre don Cándido! ¡Todavía parece que lo vea...! —dijo Francisqueta, imitando exactamente las posturas que habría hecho, en el momento de dar el pésame, una señora de la burguesía.

—Por eso mismo le decía que tuviese en cuenta mi situación... que me hiciera usted este favor...

—¿Sabe lo que le convendría a este señorito, doña Pura? Le convendría una criada jovencita con los labios pintados, bien extremada y que no tuviera muchas manías. Aunque no le pusieran sal en ningún sitio, lo encontraría todo de primera. A él ya sé bien que le gustaría encontrar una criada así, pero por aquello del qué dirán, ¿comprende?...

—¿Está usted bien segura de lo que dice, Francisqueta? — me atreví a insinuar.

—¡Sí, señor, sí! Si usted tomara una criada así, los payeses, que son muy carcamales, creerían que usted no entiende en vacas ni en terneras por más conocimientos que tuviera. ¡Pues no están para músicas celestiales los payeses! ¿O es que no es tal como lo digo, doña Pura?

—¡Francisqueta, no nos desviemos! Vayamos al grano.

—Sí, sí; vayamos al grano, que es tarde y va a llover — dijo la cocinera riendo.

—Francisqueta, nos conocemos... desde hace muchos años...

—Mire si hace años que nos conocemos que la conozco desde antes que quemaran la iglesia por vez primera.

—Pues bien. Ya comprenderá que después de tantos años de conocernos no me atrevería a recomendarle a una persona cualquiera. Esta persona que tiene usted delante es una persona muy seria...

—¡Pero si la creo, doña Pura...! Aunque eso de que los jóvenes sean serios ya es harina de otro costal... Este joven hubiera querido alquilar una criada jovencita y no lo ha hecho por el qué dirán... ¡Está bien! Ahora yo me pregunto qué dirá de mí la gente si me pongo a servir a un señor tan fuerte y tan jovencito... y veterinario para que ya no falte detalle. ¿No me entiende, doña Pura? ¿No me entiende, señorito?

La vieja señora y yo nos miramos, sin poder contener la risa. Francisqueta quedó perpleja y adoptó un aspecto grave.

—Pero, Francisqueta... un momento..., ¿es que teme alguna cosa...? Cualquiera diría que teme alguna cosa... — pudo decir finalmente la vieja señora, con lágrimas en los ojos de tanto reír.

—¡Temo por todo y no temo nada...! — dijo la cocinera con una cara rígida y severa.

—¡Pero, escuche! ¿Pero que no sabe que ni usted ni yo estamos ya en la edad canónica?

—¿Canónica? ¿Qué quiere decir canónica? De canónigo sólo he visto uno en mi vida: el canónigo Catarraca, que era de Vich y en el púlpito hablaba como una calandria. ¡Aquello sí que era un canónigo bueno!

—Canónica, la edad canónica, quiere decir que usted y yo ya somos viejas, Francisqueta, que los almendros ya han sido vareados, ¿comprende?

—Sí, señora; eso es verdad. Vareados y bien vareados.

—Si me permite, Francisqueta, le querría decir una cosa... — dije.

—¡Diga! Creo que ya es hora de que diga alguna cosa, porque hasta ahora está más serio y callado que un mochuelo en su olivo.

—Le querría decir que por el precio no reñiremos...

—¿Ve usted, doña Pura? Lo que dice este señor está muy bien dicho. Es algo que de un jovencito así jamás lo hubiera esperado...

—Usted hable sin cumplidos...

Francisqueta miró a doña Pura y por un momento hubo un silencio. Probablemente esperaba que la señora le dijera alguna cosa, o al menos su cara parecía demostrar que algo esperaba. Pero la señora no dijo nada.

—Pues, mire; lo podríamos hacer de este modo: si usted fuera una persona de edad, aunque tuviera que ir con dos bastones por la calle, serían treinta y cinco duros. Ahora bien, siendo tan joven, lo pondremos a cuarenta. Si le parece. Creo que se ha de pagar el aprendizaje, ¿comprende?

—¡Vaya, vaya, Francisqueta...!

—¡Un momento, señora, un momento! —le dije, temiendo que la señora, llevada por su deseo de solucionar el asunto a mi favor acabara estropeándolo todo—. Acepto las condiciones de Francisqueta.

—Es algo molesto; ya lo comprendo —dijo la cocinera—. Pero he de advertirle una cosa. Si en su casa me encuentro bien y usted no resulta ser un pasmarote como tantos presuntuosos lo son hoy en día, le haré una rebaja cuando llegue el momento. Yo ya soy vieja, y a mi edad todo se convierte en una friolera.

—¡Muy bien! También lo acepto, a condición de que usted no lleve una prisa excesiva.

—¡Esto está también muy bien dicho!

A la señora viuda Colomer le sobrevino en este momento otro ataque de risa. Mientras, Francisqueta me dijo en voz baja:

—¡Esta señora siempre ríe! Se ve que todo le viene de cara, ¿no le parece? Está como unas castañuelas.

Cuando la señora hubo terminado y se hubo secado las lágrimas, reanudamos la conversación.

—Una servidora —dijo Francisqueta— ha servido toda su vida de cocinera. Me gustaría saber qué es lo que más le gusta...

—Usted misma, usted misma...

—Esto es lo que yo digo siempre cuando alguien me

da más dinero de la cuenta, cosa que, de todos modos no suele ocurrir a menudo; yo digo: «Usted mismo, usted mismo...»

Doña Pura estuvo a punto de estallar nuevamente en ruidosas carcajadas; pero sin duda los anteriores ataques le habían agotado la hilaridad y prorrumpió tan sólo en un breve y tenue quejido. Francisqueta insistió:

—Una servidora desearía, ¿comprende?, que usted quedara bien. Le cocinaré, cada cosa a su tiempo, lo que más le guste. Sin embargo, una cosa quiero advertirle: la buena cocina depende de lo que llena la cesta. Si la cesta es buena, no es tan difícil tener éxito...

—¡Muy bien! Pero quizá sería mejor que aplazáramos todo esto para otro día, ¿no le parece? Hace mucho rato ya que estamos molestando a doña Pura...

—¡Oh, no; de ninguna manera! —dijo la anciana señora con una cordialidad muy aparente.

Estuvimos hablando aún de algunos pequeños detalles, y me despedí.

La impresión que me causó Francisqueta podría resumirse, concisamente, de este modo: buena cocinera y excelente servicio; persona insoportable; muy inteligente —una inteligencia, sin embargo, estropeada por las formas más populares de la garrulería.

VII

Cuando llegaron los muebles de Barcelona y hube adquirido de un carpintero de Torrelles los suplementarios, ya no tuve nada más que hacer. Francisqueta se preocupó absolutamente de todo, lo que fué para mí muy agradable y de positiva utilidad, porque muy pronto empecé a estar algo atareado.

A primeros de julio pude abandonar, con gran satisfacción, la habitación de la Fonda del Comercio y empezar a dormir en mi nuevo domicilio. Muy pocos días después — el 5 de julio — logré instalarme ya definitivamente. Empezar a vivir en una casa en pleno verano no causa una satisfacción de hogar. La canícula, con la desorganización que acostumbra a introducir en nuestra vida, echa a perder la intimidad de los interiores. Estoy convencido de que si hubiera estrenado la casa en invierno me habría gustado más.

El día 5 de julio, pues, Francisqueta me sirvió la primera comida en la casa de la calle Estrecha. Fué excelente. La comida se desenvolvió con una sobriedad verbal que me sorprendió bastante. Al tomar el café, se detuvo delante de mí y me dijo:

—He visto a la señora Pura. Me ha dado muchos recuerdos para usted. Le guarda muy buenas ausencias.

—Después de las molestias que le he causado estos últimos días, no sé qué ausencias buenas puede guardarme, ¿no le parece?

—No, señor, no. La señora es muy desgraciada y bien se ve que la presencia de usted le ha animado mucho.

—¿Dice que es desgraciada? Sí que me sorprende...

—¿Quién no lo sería con las tres marías que la rodean? Usted ya las conoce: me refiero a la cuñada, la prima y la sobrina. ¡Qué personal, Virgen Santa! En la época de don Cándido nunca pudieron entrar en la casa. Y ahora, después de su muerte, no la dejan ni a sol ni a sombra.

—¿Y qué pretenden con ello estas señoras?

—Pretenden heredar, señor mío. Y para heredar lo

más pronto posible, disgustan diariamente a la viuda.

—No parece precisamente que sea este el mejor camino...

—¿Qué le vamos a hacer? Cada uno a su manera... La Carmeta, la cuñada, es más vieja que un camino; quizá sea más vieja que la otra vieja y sólo piensa en heredar. Sólo vive para ello. ¡Es terrible! La Anita cuando era más jovencita tenía mejor ánimo. Un día la señora Pura le preguntó:

«—¿Qué hora es, Anita?

»—Acaban de dar las cuatro, tía. Ahora mismo las he oído en el reloj de la iglesia.

»—¿Quieres decir que ya son las cuatro, Anita? ¡Cómo corre el tiempo!

»—No, no; me equivocaba. Todavía no son las cuatro, tía»

—¿Comprende? Eso es tener una buena disposición para heredar. Pero las otras con su pico-repico la han hecho ser como ellas. Ahora se finge la mosquita muerta, pero no deja ni un momento de marear a su pobre tía. Y lo más triste es que la vieja señora es tan bondadosa que no sabe cómo quitársela de encima.

—La señora Pura es ya de edad y necesita compañía.

—¡Claro está! Y todo el mal nace de ahí. A la señora se le ha metido en la cabeza que sólo la familia puede hacerle compañía. Con el dinero que tiene podría tener la compañía más dulce y educada de la tierra, porque pagando San Pedro canta, ¿comprende? Pero se ha empeñado que sólo la pueden acompañar estas harpías de la parentela.

—Y ¿en qué consiste esta compañía?

—Cada semana una de ellas duerme en la casa. Dicen que debido a su edad avanzada no pueden dejarla sola. Y ya puede usted imaginarse las noches que le hacen pasar a la pobre señora. Dicen los vecinos que se pasan las horas vigilando por si a la señora Pura le viniera el capricho de cambiar el testamento. Cuando la ven con un lápiz y un papel en la mano se ponen como si una avispa las hubiera picado. Le dicen que no debe hacer esfuerzos mentales, que lo peor para su edad es leer o escribir, ya que ello le podría ocasionar un ataque de apoplejía. La vigilan como si les hubiera hecho algún daño, como si fuera una mala persona. Y parece ser que la más atravesada es la señora Gracieta, la gorda de los lentes.

—Sí, sí; ya la conozco.

—Ya sé que la conoce. ¡Bastante que lo sé! Como que también sé que le hablaron muy mal de mí.

—¡Muy mal, no; perdone! ¿Es que acaso habla usted de esa manera de ellas porque cree que ellas hablaron mal de usted?

—¡No, no, señor, no! Todo lo que le he contado es tan cierto como la luz que nos ilumina. Además, le dijeron de mí lo mismo que diría casi todo Torrelles.

—¿Casi todo Torrelles, dice?

—Sí, señor, sí. Si le dijera lo contrario le engañaría.

—¿Así casi todo Torrelles dice que es usted una chismosa?

—Sí.

—Y a usted ¿qué le parece? ¿Encuentra que lo que dice la gente de usted es cierto?

—A mí ¿qué quiere que me parezca? Si usted hablando de mí dice que tengo cincuenta y ocho años, que son los que tengo, y que peso en la báscula de la farmacia setenta y un kilos, ¿qué quiere que me parezca? Si me pareciera que está mal sería ridículo.

—Así usted considera...

—Ya lo puede decir claro: «Así usted se considera una chismosa». ¿No es eso lo que quería decir?

—Exactamente.

—¿Qué quiere que yo le diga, pobre de mí? Yo me considero como la demás gente de Torrelles, ¿me entiende? Ni más ni menos. Aquí todos somos aproximadamente iguales. Yo soy como los demás. Y los que no son así es que están enfermos y tienen mucha fiebre. ¿Qué diferencia quiere que exista entre la gente?

—¿Quiere decir que no va demasiado de prisa? Me parece que generaliza demasiado.

—¿Qué quiere decir generaliza?

—Quiero decir que lo que ha dicho quizá no es del todo exacto.

—¿Y por qué no es exacto? ¿Es que acaso usted se cree que yo lo soy y usted no lo es? Usted podrá no serlo por las cosas que a mí me gustan, como yo tampoco lo seré por las que a usted le interesan. Pero escuche bien: si usted no siente curiosidad por las cosas relacionadas con su carrera, ¡ya sacará usted buenas tajadas, ya! No sé si llegaré a cobrar a final de mes.

—Pero es que interesarse por las cosas de la carrera no es ser entrometido.

—¿Y por qué no? Si en Torrelles le hacen la competencia veremos si no será usted un métome en todo.

—¡Quién sabe! ¡Vaya usted a saber!

—Me demuestra que usted debe tener mucho dinero y puede vivir sin necesidad de la carrera. Desengáñese: para ganarse la vida, todo el mundo se ha de convertir en un chismoso, cada uno en su ramo, se entiende.

—Tiene usted mucha tela en su telar, Francisqueta. ¿Qué quiere averiguar con su conversación? ¿A dónde quiere ir a parar? ¿Quiere saber si yo tengo dinero?

—No piense que me disgustaría saberlo.

—¿Le gustaría que yo fuera rico?

—Sí, señor. A mí para servir déme gente rica. ¡No me venga usted con pobres! Para pobres ya tengo bastante conmigo misma, ¿comprende? Los señores han de ser ricos... Siempre lo he creído así.

Por fortuna sonó el timbre de la puerta. Era el cartero. Aproveché la oportunidad encerrándome en el despacho. La conversación había ya tomado un rumbo demasiado peligroso.

VIII

Esta insignificante historia pretende seguir un orden cronológico. En primer lugar hablaré de las personas que fueron mis vecinos en la calle Estrecha, y cuyas figuras aparecerán en este libro por el mismo orden que les conocí. Existe, sin embargo, una razón en cierta manera geográfica, que me obliga a hablar del señor Grau — Joaquín Grau — y de su esposa. Este matrimonio vive en un piso de la misma casa que yo habito — exactamente el piso superior al mío. Los Grau no fueron precisamente las primeras personas que conocí en la calle Estrecha. Pero es inevitable que primero haga una referencia de las personas más cercanas a mi domicilio.

Un día, a la hora de tomar el café — recuerdo que era un miércoles — nos llegó desde el piso de arriba un ¡ay! que me pareció dolorosísimo y acongojado; nos llenó de curiosidad y preocupación tanto a Francisqueta como a mí. Sabíamos que en casa del señor Grau no había ningún enfermo; ¿qué había sucedido, pues? Era un hecho ya conocido por varias personas

que el matrimonio, si bien había iniciado la entrada
en aquella plácida indiferencia que suele confundirse
con la felicidad, todavía se mantenía en la plétora vegetal de la ilusión satisfecha. Del primero y ligero examen que hicimos con Francisqueta del suceso no llegamos a comprender nada, pero cuando salí de casa para
ir a efectuar mis habituales visitas, una mirada recon-
fortante de la cocinera me dió a entender que cogía el
asunto por su cuenta y que, con la ayuda de Dios, llega-
ríamos a descifrar lo sucedido. Y, en efecto, así fué.
Transcurridas unas pocas semanas pudimos resolver el
enigma.

Joaquín Grau es un joven empleado de la fábrica
de jabones de Torrelles. Su mujer tiene un nombre
delicioso, con reminiscencias italianas: Simoneta. Llevan cinco años de matrimonio y hasta hoy parece que
no han sufrido preocupaciones económicas. Los padres
de Simoneta poseen algún dinero y siendo hija única,
allí donde no alcanza el matrimonio, llegan los sue-
gros. Son gente modesta, de escasas ambiciones dentro
de la misma población, y ni por un momento parece
que el señor y la señora Grau pretendan llegar muy
lejos. Viven dentro de una parsimonia razonable y pa-
cífica.

Simoneta es una persona que aparenta tener de
treinta a treinta y cinco años; rebosa salud, es gordezuela, rubia y con los ojos azules, de estatura más bien
menuda, con una cara redonda, rosada e inexpresiva,
como una pepona. Como muchas señoras no muy altas
y de un cierto peso, tiene la elemental precaución de
ir bien calzada. Siempre lleva zapatos de tacón muy
alto, de reluciente charol con adornos caprichosos y
detalles monísimos. Sólo hay una cosa curiosa; la contemplación de su persona —lo que voy a decir, sin em-

bargo, es una simple intuición mía — induce a pensar que es una de aquellas señoras, que abundan en los pueblos, que llevan las medias arrolladas en las ligas debajo mismo de la base de la rodilla. La imagen de este sistema siempre ha sido para mí escasamente afrodisíaca.

La discusión empezó a primeras horas de la tarde. Simoneta es muy aficionada al cine; tiene exactamente la pasión del cine. Desde que se casó, y ni que decir tiene que antes, fué cada domingo al cine, acompañada primero del que después fué su marido, y ya de casada con su marido. Pero aquella tarde sucedió un hecho que nunca hubiera podido sospechar. Después de comer, Joaquín se levantó de la mesa y se puso el sombrero. Para demostrar que su intención de ir al café a jugar una partida con los amigos obedecía a un propósito de absoluta normalidad, se puso pues el sombrero con una naturalidad perfecta. Hacía ya algún tiempo que sospechaba que la mejor manera de pasar las tardes del domingo en Torrelles consistía en ir al café a jugar una partida de cartas con los amigos. En el cine — acostumbraba a decir hablando con sus compañeros de despacho — todo es ficticio, todo es mentira, todo es irreal menos la taquilla. Durante más de cuatro años había madurado la decisión de no ir más al cine. Y al final había llegado la hora de poner en práctica tal decisión — de ponerla en práctica procurando, sin embargo, no darle demasiada importancia, de una manera intrascendente, con una perfecta naturalidad. Se puso el sombrero.

Simoneta al ver que se dirigía hacia la puerta, corrió y colocóse de espaldas a ésta. Conturbada, pero esforzándose en sonreír, puso la mano en la solapa del abrigo de su esposo:

—¿No me acompañas al cine? — preguntó.

—El cine me aburre soberanamente...

—A mí no me aburre...

—¡A mí sí!

—¡Quimet!

—¿Qué te pasa?

—¡Te quise sólo porque me dabas lástima!

—Ya lo sé. ¿Qué más?

—¿Por qué no me acompañas al cine?

—Ya sabes que el cine no me gusta. ¿Es que hay algún inconveniente en que vaya al café?

Joaquín abrió la puerta y salió.

Simoneta quedó profundamente sorprendida, confundida. Estuvo un rato largo en el recibidor, detrás de la puerta, apoyada en la pared (que le pareció fría) sin poder ver nada claro, la cabeza sumergida en una tumultuosa confusión. Después, andando lentamente, un poco a tientas, regresó al comedor, ajustó las ventanas — el comedor quedó en una semipenumbra —, se sentó en una silla, el codo sobre el linóleum amarillo, la mejilla en la palma de la mano. La mesa estaba todavía puesta y por lo tanto reinaba en ella el natural desorden. Así, de esta manera, transcurrió un largo rato. La sorpresa inicial fué cediendo — se transformó exactamente en una rabia incontenible. La sorpresa le había dado una sensación de frío — una tendencia al encogimiento. La rabia la inundó con tal fuego que pareció dilatarle el cuerpo y expansionarle, como un gas que se extiende, el espíritu. Por su imaginación pasaron una sucesión de imágenes de su marido — imágenes deformadas por el rencor y el despecho. Pero estos momentos en que la violencia pasa por el organismo como una ráfaga de viento caliente y ciega los ojos, no suelen ser de larga duración. Acontece que casi siempre se alternan con intervalos de cansancio confuso, de vacío interno, de una profunda melancolía — y algunas veces de un cierto deseo de comprender lo que ha provocado la violencia. Es en el transcurso de estos intervalos que se inicia el menosprecio.

La mesa del comedor permaneció en el mismo estado durante toda la tarde. A medida que fueron pasando las horas, las vinajeras, los vasos sucios de vino, los platos con restos de crema, los dos o tres mendrugos de pan, las servilletas tan bien dobladas, las cucharitas, tomaron un aspecto obsesivo. Al oscurecer, un aire siniestro — de una modestia y una familiaridad angustiosa —, invadió el piso.

Joaquín regresó del café a las siete y media. Dijo:
— ¡Buenas noches! — Pero nadie le contestó.

La cocina estaba en el mismo estado que el comedor. De la cena no se veía ni el menor síntoma previsor. Simoneta se negó rotundamente a entablar diálogo alguno sobre este hecho. Joaquín tenía hambre. Encendió el gas y él mismo se frió un par de huevos de mala manera. Simoneta no comió nada. Las primeras horas de la noche transcurrieron en un silencio tétrico. El lunes no se hablaron. El martes, tampoco. El miércoles, después de comer, Joaquín leyó el periódico apoyado en el marco de la puerta del comedor. Y, de repente, Simoneta se le acercó y cuando ya estaba junto a él — Joaquín continuaba leyendo — puso el tacón tan alto del zapato de su pie derecho sobre el pie de su marido y, presionando con todo el peso de su cuerpo, hizo dar al tacón una media vuelta, como aquel que hace dar a una rosca muy estrecha media vuelta más... Joaquín aulló un ¡ay! desesperado — que fué el que oímos aquel miércoles y que nos dejó intrigados, como ya dije.

Si en aquel momento Joaquín hubiera dado a su esposa aquel empujón más o menos brusco que los espíritus ecuánimes dan cuando se les pisa, la cosa hubiera podido convertirse en algo feo. Pero Joaquín se dominó. Con el rostro crispado de dolor, cojeando, se dirigió al despacho, como de costumbre. Algunas personas, al ver que cojeaba, creyeron que sufría de reuma. «¡Tan joven y ya tiene reuma!», se comentó durante unos días en Torrelles. Simoneta pasó la tarde llorando silenciosamente. Aquellas lágrimas le sentaron muy bien. Se le despejó la cabeza. A la hora de cenar, en la mesa, Joaquín le preguntó con una triste sonrisa:

—Me odias, ¿no es verdad, Simoneta?

—Ahora te conozco a fondo...

Le dirigió una mirada que parecía decir: «¿Cómo quieres que no te odie?»

Joaquín no supo qué contestar. Le pareció que lo que le acababa de decir Simoneta tenía un grande y profundo sentido. Luego de una pausa, le dijo:

—¿Entonces tú crees que conocerse a fondo y odiarse es lo mismo?

—No se puede odiar a un desconocido, me parece...

—¡Qué cosas tan absurdas dices!

—Todavía es más absurdo haberte querido porque me dabas lástima... ¡Qué equivocación, Dios mío!

—¿Ya no me quieres?

—Tendrá que ser en tal caso por otras razones. Si hace cinco años te hubiera visto tan decidido como te vi el domingo, no me habría casado contigo...

—¡Pero, Simoneta! —interrumpió nerviosamente su marido.

—¿Qué quieres?

—¿Por qué no nos queremos de otra manera? Igualmente, claro está, pero de otra manera.

—Yo espero vivir contigo con tranquilidad...

—¿Tú aspiras vivir tranquilamente? Yo también...

—¿Por qué, pues, no vivimos así?

—¿Pero acaso tú crees que eso es vivir con tranquilidad? ¡Bah! Me haces reír...

Simoneta se levantó de la mesa y dirigió a su marido una amplia mirada de indiferencia. Luego, ya en el pasillo, entró en la cocina. Cada vez que se oía el tableteo del tacón sobre el mosaico a Joaquín se le ponía la piel de gallina.

—¡Simoneta! —gritó el marido con energía, nervioso—. Por Dios, no hagas este ruido...

Pero nadie le respondió. La puerta de la cocina se cerró de golpe. Luego, en el piso minúsculo se hizo un gran silencio. E incluso pareció que, de repente, hasta el reloj del comedor se había parado. Entre las cuatro paredes sintió Joaquín el malestar de cuando a uno le zumban los oídos. Fué sólo un momento... Otra vez se sintió el lento tictac del reloj. Joaquín se puso el sombrero y emprendió el camino del despacho. Por primera vez, después de cinco años, no había tenido lugar la acostumbrada y pequeña escena de detrás de la puerta.

Al domingo siguiente, Simoneta fué al cine con una señora amiga. Joaquín pasó la tarde en el café jugando su partida. La opinión de Francisqueta es que, si Dios les da salud, el matrimonio está consolidado para toda la vida.

IX

Eｌ relojero Massaguer es un hombre dominado por la mímica: exactamente es un mímico. Como saben todas las personas que pasan por la calle, Massaguer es un gran aficionado al teatro. No precisamente al teatro con música — como dice con un ligero matiz de desprecio —, sino al teatro seco, al drama y a la comedia meramente dialogadas.

Algunas veces aparecen en Torrelles compañías tronadas de cómicos con el plan de realizar *tournées* crepusculares. Vistos en el ambiente de las grandes ciudades, los cómicos conservan todavía un aspecto de seres ciertamente tronados, pero humanos; vistos con la luz cruda, acre, de los pueblos, parecen figuras que han sido hervidas y luego se han evaporado. Los hombres, tan pálidos, tienen un aspecto fantasmal; las señoras, unas visten pobremente, como si hubieran ido a menos; las primeras partes, de una manera extremada, sin discreción.

Massaguer siente una gran pasión por los trucos y demás cosas de la escena y cuando se abre la taquilla del triste y destartalado teatro del Centro Agrícola. Industrial y Comercial él es uno de los primeros en acudir. Las obras de teatro contemporáneo que suelen representar las compañías él las tiene en una franca y positiva estima.

Cuando por la mañana del día siguiente de la representación, el relojero se sienta en el taller — luego de abrir la tienda y el mostrador — y con el ojo derecho colocado dentro del cilindro de latón de la lente, se dispone a empezar el trabajo, su íntima complexión se encuentra notoriamente afectada por una predisposición a la mímica irresistible. Sus sentidos están embargados por las peripécias e incidencias de la obra que vió representar la noche anterior. Y, como todas las personas convencidas o engañadas, si queréis, su deseo urgente es comunicar a los demás su saturación.

Massaguer es un relojero excelente. Su clientela es vasta, sobre todo entre las clases agrarias del término y de los términos vecinos. Durante el día es raro el momento que no hay en su tienda uno o dos clientes — y algunas veces más y todo. Según dice Francisqueta, la señora Massaguer mantiene, ante este hecho, desde hace más de veinte años, una posición de sorpresa constante. Nada ni nadie le ha podido hacer cambiar de criterio: ni una experiencia personal que ya dura desde hace tantos años — desde que se casó con Massaguer. No puede llegar a comprender que su marido sea un relojero con una fija clientela. Lo ha confesado reiteradamente a Francisqueta.

—¿Cómo quieres que comprenda nada — le dice — si lo conocí de carabinero de buena fe, vigilando el contrabando entre unas montañas que miedo da verlas? Es absolutamente sorprendente...

La señora Massaguer es una persona diminuta, de facciones breves y pequeñas muy bien dibujadas, con una nariz respingona, los ojos azules vivos, los dientes blancos y bien conservados, el cabello gris alisado, recogido en un moño a la antigua. Es una mujer alegre y animada, ligeramente irónica. Hay personas que ven en la vida problemas misteriosos, incógnitas inexplicables. Pero como el misterio de la capacidad para la relojería de su marido, pocos quizás existirán que sean más difíciles, claro está, dentro de su especie, para la señora Massaguer.

Cuando, «al día siguiente que ha habido teatro», llega a la tienda el primer cliente, Massaguer le pregunta si asistió a la representación. Tanto si la respuesta es afirmativa o negativa, abandona *ipso facto* el taller, deja el cilindro de cristal y se ajusta la bata amarillenta que lleva en los días de trabajo, vestidura holgada como una camisa de dormir y algo desvaída por la lejía. Se coloca así en medio de la tienda e inicia una explicación detallada, con pelos y señales de la obra que vió representar la noche anterior.

En su explicación utiliza dos clases de voces. Algunas personas sostienen incluso que modula tres, pero quizás esto último sea exagerado: una voz grave y afectada que hace hablar a los actores y una mucho más atenorada y monótona para suplantar a las actrices. Su explicación es forzosamente esquemática, lo cual no quiere decir que no sea minucioso. Si durante su desenvolvimiento se produce un mutis, Massaguer lo realiza con una inimitable perfección; si el mutis se produjo a su derecha, abre la puerta de la tienda y sale literalmente a la calle; si se realizó por la izquierda, va hacia la puerta del pasillo y desaparece hacia el comedor. Y se marcha con el mismo aire que adoptó el actor o actriz al salir de la escena: altivo o mustio, alicaído, hinchado, enfadado o sonriente. Si en la escena que relata Massaguer, el actor se descubre, el relojero se quita la gorra; si encendió un cigarrillo con un aire displicente, enciende un cigarrillo con un aire displicente; si se dió un puñetazo en el pecho, se da un puñetazo en el pecho con la misma intensidad; si un momento determinado se sacó la cartera del bolsillo interior de la americana, hace lo mismo con su cartera; si el actor dió un abrazo a su interlocutor, Massaguer abraza al cliente que

tiene delante, generalmente en medio de las protestas
de éste; si la actriz se burla del galán joven él hace
burlas al paisaje que le rodea; si la característica cojeaba, cojea un momento; si el traidor, anonadado
por la negrura de su conciencia, se deja caer al suelo
como un plomo, él se deja caer sobre el mosaico con
una impresionante propiedad. Lo imita todo: las carcajadas sardónicas — en ellas está especializado — y las
pálidas sonrisas; los guiños maliciosos o los bostezos de
la inocencia; las gesticulaciones contundentes y las per-
plejidades de la duda; las lágrimas y las alegrías, los
suspiros y las sonrisas. En los momentos culminantes de
la obra, cuando se ha de decir: «¡Madre!» o «¡Hijo
mío!» o «¡Dame el dinero!» o «¡Eres una ingrata
y una pérfida!» llega a los puntos más inolvidables de
su impresionante capacidad. Por poco sensible que sea
el cliente, la emotividad se le manifiesta de una manera visible.

De todas formas, ya hace muchos años que Massaguer cultiva sus facultades miméticas, ya que su afición por el teatro es anterior a su vida de relojero.
Por eso mismo ya nadie le hace caso en la calle Estrecha. A lo sumo, los vecinos más próximos observan su
gesticulación para saber, en caso de *reprise,* de qué
clase de obra se trata: si es alegre o triste, si es insoportable o digerible. Eso no quiere decir que los chiquillos no aplasten sus pequeñas narices rosadas en
los cristales del mostrador, fascinados por el delirio
del relojero y que si coincide el paso por la calle de
algún forastero también se detiene un momento para
contemplar aquella extravagante gesticulación. A mi
manera modesta de ver, la mímica de este hombre
produce una impresión especialmente rara debido al
ambiente en que se manifiesta. La tienda está literal-

mente llena de relojes de todas formas, medidas, clases y categorías, y eso es lo que da a la mímica de Massaguer un aspecto de ataque de locura ocurrida en el extravagante ambiente de una relojería.

Francisqueta suele decir:

—Cuando vienen cómicos, Massaguer se convierte en un carcamal. No sabe lo que le pasa. No puede contenerse. Un día se volverá loco y si no llegan a tiempo de detenerle ocurrirá alguna desgracia. Estos hombres acostumbran a acabar mal...

Cuando los cómicos se marchan, todavía la fiebre de Massaguer dura un par o tres de días para luego ceder lentamente. El relojero entra en la vida normal y hasta que no vuelven a aparecer nuevos histriones su existencia es —bajo la irónica mirada de su esposa— mansa, gris y tranquila.

X

Los conocimientos que Francisqueta demuestra tener de los vecinos de la calle y de la vida que llevan me dejan sorprendido y perplejo. Para mi cocinera, enterarse de la vida de los demás constituye una voluptuosidad. Si no pudiera hacerlo, encontraría que la vida no tiene sentido alguno.

A menudo leo en libros y periódicos que los filósofos de moda, los autores que se cotizan, se preguntan —con la pluma trémula, angustiada, quizá ficticia— cuál es el sentido de la vida. Qué extraña pregunta, ¡válgame Dios! Francisqueta, que se encuentra en la vida, sujeta a la vida, que está inmersa en la vida, conoce perfectamente su sentido. Todos sabemos exac-

tamente el sentido de nuestra propia vida. Al encon-
trarnos a solas con nosotros mismos (el diálogo es ya
una comedia) sabemos perfectamente lo que queremos.
Lo sabemos con una estricta precisión. Lo que ocurre
es que el sentido de nuestra propia vida, cuando no se
trata de una pura nimiedad, es algo tan minúsculo,
tan insignificante, tan fabulosamente irrisorio, que no
se puede explicar ni a los más íntimos amigos. En
algunas personas el sentido de la vida consiste en el
ejercicio de la maldad desinteresada, caprichosa, gra-
tuita. Pero eso es lo que se puede explicar menos.

—¿Sabe cuántos años hace, señorito — me ha dicho
hoy mientras me servía los calamares rellenos con carne de cerdo —, sabe cuántos años hace que el Enrique no le ha dirigido ni una sola palabra a su mujer,
la Teresa? Más de tres años.

Mi rostro ha dado a entender una gran extrañeza.

—¡Pero si usted los conoce muy bien...! — añadió Francisqueta —. Es ese matrimonio sin hijos que
vive cuatro puertas más arriba, en la misma calle...

—Sí, muy bien... Pero, Francisqueta, por Dios,
no empecemos...

—Hace más de tres años. Por Navidad haré exactamente tres años y medio.

Ya ha sido totalmente imposible desviar la conversación.

—Pero ¿cómo puede ser? — he añadido para decir algo —. Enrique es uno de los hombres más des-
envueltos y charlatanes de Torrelles. No lo conozco
de nada concretamente, pero siempre que me encuentra habla más que una cotorra. Y lo curioso es que
nada tiene que decirme. El otro día me paró tanto
rato en medio de la calle, que al final tuve la impresión de que no sabía lo que me decía...

—¡Sí, señor! Es así mismo. Enrique es muy hablador y simpático fuera de su casa, pero cuando está en ella, a las horas de comer y dormir, no dice ni una palabra, nada... ¡ni pum!

—No será tanto...

—¡Sí, señor, sí! Llega a la puerta de su casa alegre y sonriente, con la americana (cuando hace buen tiempo) colgada a la espalda, conversando con un amigo o silbando o canturreando por lo bajo cualquier tontería. Ahora bien; coger la manecilla de la puerta y cambiar de cara todo es una misma cosa. Queda tieso como un palo y sus facciones se obscurecen. Al llegar al comedor dice: «¡Hum!» (levantando con un gesto brusco la barba hacia arriba) y la Teresa le contesta: «¡Hola!» desde la cocina...

—¡Vaya, vaya, Francisqueta...!

—¡Pero si estoy harta de saberlo! Cuando Enrique llega al comedor la sopera ya está en la mesa. Come su plato de sopa con el rostro ceñudo, sin levantar la vista del arroz y los fideos. Luego la Teresa le sirve la carne del cocido. Teresa es muy limpia y tiene un toque angélico para la cocina. Come la carne del cocido con un aire de mala gana, como si no tuviera apetito y cuando cree que Teresa lo mira, mueve mucho la quijada para dar a entender que le cuesta mascar. De todas maneras siempre deja limpio el plato. Luego Teresa pone encima la mesa un trozo de queso y cuatro almendras tostadas, que Enrique come mirando al techo, fingiéndose distraído. Después se levanta de la mesa, descuelga la americana, dice «¡Hum!» y Teresa le contesta con un «¡Adiós!» Atraviesa el pasillo más estirado que un guardia... pero pasar de la puerta, respirar el aire de la calle y cambiar la expresión de su rostro todo es una mis-

ma cosa. Entonces entabla conversación con el primero que encuentra, aunque sea un desconocido y se
marcha al café, fresco como una rosa, satisfecho. Y en
el café es uno de los que llevan la voz cantante. No
calla nunca, según dicen...

—Pero, mujer de Dios; eso no debe ser siempre...

—Hace más de tres años, se lo repito, que este
animalote no ha dicho ni pum a Teresa...

—Pero por la noche una cosa u otra se deberán
decir...

—¡Qué quiere! ¡Ni de noche ni de día, le digo!
¿No comprende que Teresa me lo explica? Con alguien se ha de desahogar, la pobre Teresa. Duermen
en la misma cama, ¡que yo sepa no tienen otra! Cuando él llega de la calle, Teresa ya duerme. Al día siguiente por la mañana ella se levanta a primera hora
para prepararle el desayuno. Cuando Enrique com-
parece en el comedor, dice: «¡Hum!» y Teresa desde la cocina contesta: «¡Buenos días!» Toma el café
de muy mal humor porque en esta hora es muy deli-
cado y sólo le gusta el café fuerte, negro y fino. Luego
se enjareta la gorra, saca la cabeza por los cristales
de la ventana del patio (para ver qué tiempo hace),
dice: «¡Hum!» y Teresa le responde: «¡Adiós!»
Y cada día es igual, siempre lo mismo...

—La pobre Teresa debe estar muy triste...

—De todas maneras no puede decirse que no haya
tenido tiempo para resignarse y acostumbrarse. Imagínese que es ya la segunda vez que Enrique hace
eso... La primera estuvo más de un año y medio sin
decirle nada. Entonces tenían un canario de muy buena raza... Un día, después de un año y medio de no
decir nada, Teresa oyó que su marido le decía mirando a la jaula:

«—Me parece que la lechuga que has dado al canario podría ser más fresca...

»Cuando Teresa oyó, después de tantos meses, que su marido le dirigía la palabra, el corazón se le volcó con tanta fuerza que tuvo que sentarse en la silla baja de la cocina y abrió un poco la ventana. Luego lloró un rato en silencio... Antes de marcharse, Enrique se le acercó y, poniendo el brazo en el respaldo de la silla, le dijo:

»—Pero, ¿por qué lloras, Teresa? ¡Qué pesadas sois las mujeres!

»Luego cogió el paraguas, porque era un día que llovía, y salió a la calle como siempre. Se hablaron un mes, quizá cinco semanas... Después ni una palabra, nada...»

—Pero alguna cosa debió pasar entre ellos...

—¡Yo qué sé! Alguna tontería, claro está...

—Y Teresa, ¿no hizo nada para arreglar las cosas?

—¿Usted, qué haría? ¿Quiere hacerme el favor de decírmelo? ¿Con esta clase de animalotes hay alguna cosa a hacer? Yo no la sé, francamente. Pregunté a Teresa lo que había ocurrido y me contestó que ni se acordaba de la causa del disgusto — si es que la hubo. Teresa está cada día más sorprendida. No puede creerlo. Enrique come de espaldas a la puerta de la cocina. Desde los fogones, Teresa le contempla. No pasa día que no se pregunte: «¿Pero quién es este hombre que come aquí mismo?» No deja de mirarlo con una sonrisa callada y triste a la vez. Por la noche, con la luz apagada, en la cama, hace como si durmiera, pero se pasa las horas mirando el techo, preguntándose quién es aquel hombre que está a su lado...

Francisqueta mueve la cabeza con un gesto indefinible, recoge la bandeja del pescado y se dirige, con ella, moviéndose con su habitual lentitud, hacia la cocina. Pero ya en el pasillo se para de repente y lanza con una voz muy aguda para que yo la oiga:

—Afortunadamente no tienen hijos, por suerte, ¿no cree usted?

Contesto mecánicamente, sin mover la vista de la luz; lo que me ha contado Francisqueta me ha dejado tan absorto que miro ensimismado el resplandor de la luz:

—Sí, claro; suerte que no tienen hijos...

Pero después, pensándolo bien, tengo la sospecha de que he dicho una enorme tontería.

XI

Montserrateta...!
   —¡Sí, tía!

—Apaga la luz; así...

La ventana del dormitorio estaba abierta y se veía la resplandor de la luna — luna vieja — sobre los tejados; una vaga claridad flotando sobre las viejas tejas secas y de un verde dorado, de color albaricoque. En el marco de la ventana la luz parecía más densa, porosa, de una blancura infinitamente viva.

Montserrateta se sentó en una silla debajo mismo del marco ovalado de la fotografía ampliada de su difunto tío. En la penumbra del dormitorio, dentro del óvalo dorado, se veían aquellos ojos patéticos, implorantes e inquietos, pincelados por una trémula mancha grisácea y desteñida.

—¿Cómo está, tía?—pregunta la joven persona que respondía al nombre de Montserrateta.

—Hace mucho calor... ¿no te parece? Y tú, ¿qué has hecho esta tarde con Miquelet?

—Hemos ido a paseo hacia los Lledoners... Queríamos llegar hasta la fuente...

—Miquelet te ha besado mucho, ¿eh?

—¡Tía!...

—Pero, hija mía, ¡eso es tan viejo! Al ir hacia los Lledoners te debe haber cogido por la cintura... después quizá la mano le ha resbalado un poco... Cuando mi pobre Salvio se quería casar, también lo hacía. ¿Y sabes qué decía? Acercaba la nariz hasta mi cara, resoplaba y me decía que me quería...

Montserrateta escuchó con una creciente estupefacción las palabras de su tía. Cuando terminó de hablar hizo con la cabeza un gesto de indiferencia y de cansancio. Luego se puso a mirar el techo —donde se veían los troncos de las vigas —, mientras pasaba por su rodilla la uña del dedo meñique.

—Y después, claro está, os habéis sentado un rato debajo de los pinos...—continuó con una voz monótona, un poco nasal, la señora Elvira.

—Sí, tía!

—Pero los pinos son bastante claros y no dan mucha sombra... y todavía no me has dicho los besos que te ha dado Miquelet...

El rostro de Montserrateta se contrajo con una mueca de disgusto y de impaciencia. Encontró un pañuelo en el bolsillo de su bata y se lo llevó nerviosamente a la boca.

—¡Vaya, chiquilla; explícate! ¡Estoy tan aburrida!—dijo la señora Elvira con una voz totalmente desprovista de impertinencia.

Montserrateta dejó caer su brazo derecho dando a entender que no había nada a hacer. Después esbozó una sonrisa forzada, pequeña y fría, y arqueó la boca y las cejas. Tenía los pómulos algo salientes — de un dibujo muy agradable — y entonces todavía se le acentuaron más.

—Miquelet — dijo con un ligero temblor de rabia — es muy lunático. Tiene días... Todos sus compañeros de taller dicen lo mismo.

—Y ¿qué dicen estos gandules del taller?

—Dicen que a veces se pasa dos o tres días sin decir nada...

La señora Elvira hizo un movimiento de atención y curiosidad que produjo un ligero quejido en las maderas de la cama.

—¿Y qué? — dijo, animándose la señora Elvira —. Tú, claro está, harás lo que querrás, Montserrateta... — añadió con la notoria preocupación de dar a sus palabras toda la gravedad posible —. Tú harás lo que te parecerá, pero a mi entender, Miquelet te conviene...

—Sí, tía.

—Es un buen chico. Tiene un oficio. Es trabajador. No tiene rival, según dicen, para las bicicletas. Podéis poner un taller de reparaciones, ¿comprendes? Claro, es muy joven, y no sabe todavía lo que quiere, tiene mucho amor propio...

—¿Qué es amor propio, tía?

Mientras formuló esta pregunta dirigió su mirada hacia la cama de su tía.

En la incierta luminosidad de la habitación se destacaba sobre la blancura de la almohada la cabellera negra de la señora Elvira; sus vagas facciones — la luz las ungía, resbaladiza, con una calidad de ungüento —;

sus espaldas morenas, flacas y desnudas, con las dos rayas blancas de las cintas que le sostenían la camisa. La señora Elvira tenía la rodilla flexionada y la sábana se levantaba como un promontorio que quedaba aumentado en la sombra sobre la pared.

—¿Amor propio, dices? ¿Sabes lo que tardó mi Salvio, ya de casados, en decir delante mío una de estas palabrotas que dice la gente? ¡Más de tres semanas! Eso es amor propio, ¿comprendes? Muy mal sería todo para ti si Miquelet no lo tuviera...

—Sí, tía.

La señora hablaba arrastrando las palabras con la boca un poco torcida, con un tono desganado, de fatiga — con un tono que sólo se animaba cuando recalcaba alguna displicencia.

—Bien, y mañana ¿qué haréis? — preguntó después.

—Mañana es domingo.

—Iréis al cine...

—En verano al cine apenas va nadie. Habíamos hablado de ir con la bicicleta a tomar un baño...

—No sé. Quizá sería mejor que fuerais al cine. Ahora el local está muy fresco.

—Sí, pero en verano ponen películas aburridísimas, muy malas. Además, ¡le cuesta tanto afeitarse! Siempre va rasposo y negro y huele a aceite de máquinas.

—¿Qué quieres decir? Un mecánico sin afeitar puede ser tan formal como un mecánico afeitado. ¡Créeme! ¡En estas cosas no se ha de ser tan romántica, Montserrateta! ¡Qué cosas dices! La leche debe estar ya hervida. Ve a buscarla, por favor.

La señora Elvira deshizo el promontorio de sus rodillas y quedó extendida tan larga como era. Montserrateta salió y oyóse su taconeo al bajar la escalera. Después todo quedó silencioso y la señora cerró los ojos y extendió sus brazos sobre las doblas de la cama.

XII

E L día siguiente era domingo. Fué un día muy caluroso. Estalló una luz espantosa, asoladora, que desdibujó todas las formas. A las once y media de la mañana el bochorno del aire impregnaba a las personas. Montserrat y el mecánico Miquelet, con las bicicletas, se prepararon para ir a tomar un baño. A la luz, en el aire libre, Montserrat tenía una belleza rotunda y maciza. Se la veía alta y llena. Y, de cerca, apenas vestida como iba, tenía una presencia prodigiosa. Más allá de las sombras la luz tenía una calidad de miel.

Para llegar a la playa de Torrelles se han de caminar nueve o diez kilómetros. La carretera desciende suavemente dibujando unas largas curvas. La carretera primero se burila entre el ácido verdor de las viñas. Luego desaparece entre la lívida luz, deslumbradora, del olivar. Frente a los ciclistas se veía una nube de polvo de un camión que incendiaba un remolino de luz. Miquelet pedaleaba con un aire un poco fatigado. Montserrat, con las piernas desnudas, tirantes, movía las piernas con una fuerza espléndida. Sus piernas eran de un color de mazorca tostada, sanguínea. Alguna vez un mechón de cabellos se le rompía sobre la frente y con un movimiento de cabeza sobre el blando almohadón del viento, lo echaba hacia atrás. La rodilla era turgente como un enorme melocotón.

En el cruce de la carretera de la costa descendieron de las bicicletas. Se dirigieron a un camino bajo, arenoso, con las raíces secas a flor de tierra — un camino que parecía un torrente. Encajonados en este camino, entre las altas hormas de piedras, el calor era fofo, fatigado y mórbido; un calor que llegaba a las entrañas. Intermitentemente se desataba una ráfaga de viento perdido, caliente. El lugar parecía hecho a propósito para que las lagartijas, los verdes lagartones y las serpientes permanecieran allí. Montserrat y Miquelet caminaban taciturnos, transpirando con vegetal y ahogada efusión. Miquelet parecía que caminaba con un poco de prevención. Montserrat, con una sonrisa de seguridad que prestaba una dibujada y soberbia esbeltez a su cuerpo.

El camino terminó sobre las dunas de arena fina, polvorienta. Las dunas construían como un contrafuerte en la playa. Era necesario escalar la resbaladiza pendiente. Las ruedas de las bicicletas se hicieros pesadas, se hundían en la arena polvorienta y gris. Miquelet, pálido, eliminaba un sudor mezclado de aceite verde. Con el esfuerzo, Montserrateta se iba poniendo encarnada. La carne palpitaba bajo su ropa. Sobre la cruda blancura del paraje se veían unas matas de espinos, de un verde ennegrecido. Al llegar arriba se pararon un momento. El arenal dilatado, inundado de luz, ya no era visible. La extensión del mar daba una sensación de libertad, de aire fresco, de viento. Era una pura ilusión. El mar se asemejaba a una superficie de estaño fundido. El agua inerte se balanceaba con una ondulación muerta. No soplaba el viento. La atmósfera parecía haberse detenido ante la fascinación de la luz. El cielo era un azul vago, casi blanco, incandescente. A la derecha,

en una luminosa lejanía, se veían las ígneas espirales
de las paredes de unas casas blancas — el primer pueblo. A ras de agua emergía, a la izquierda, un ro-
quedal obscuro que dividía la playa en dos conchas
de una amable concavidad. La pareja se dirigió hacia
la sombra que proyectaba la gran roca.

Para llegar allí fué necesario atravesar la playa
desierta. La arena quemaba. El aire era asfixiante. La
luz era la pura dispersión — una fuerza exaltada y
rutilante. El azul era como una materia sólida y bru-
ñida, en vibración frenética. Ante el arenal las olas
se hinchaban y se morían mansas, con un silencio monótono.

La sombra del acantilado era pequeña, caliente,
pegadiza. Había un tronco hinchado, muerto por el
mar, delante de la roca. El lugar era solitario, pero
desolado e inhóspito. Se desnudaron y quedaron con
el traje de baño. De momento el aire les pareció más
ligero. La piel de Miquelet era pálida y aceitosa. La
de Montserrat más obscura que la arena, de una tiran-
tez madura, parecía un sueño. La raya del *maillot*
en su muslo producía un corte de una calidad vegetal,
como la sección de una fibra densa y espesa. Miquelet
quedó como aturdido por la luz bochornosa. Montserrat se ató los cabellos y de puntillas sobre la arena
ardiente, se acercó al mar. Aquel contacto con la primera arena húmeda le produjo un escalofrío. Estuvo
un rato con el agua cubriéndole las rodillas, la sombra del cuerpo flotando, deforme, sobre el agua clara,
resplandeciente, viva.

—¿Está fría? — preguntó Miquelet, con una voz
perezosa.

—¡Está tibia...! — dijo Montserrat, aspirando con
todo su cuerpo la deliciosa frescura.

Miquelet salió de la sombra, y de pie, tocándole el sol, pareció una forma angulosa y esquelética. Atravesó la arena incandescente, cojeando, corriendo. Se lanzó al agua de un modo aparatoso, violento, ruidoso. Algunas gotas llegaron a la espalda de Montserrateta — un cosquilleo que le hizo abrir la boca incontenblemente. Miquelet sabía nadar y braceando de una manera espectacular se alejó mar adentro. Doblando las rodillas, Montserrat hizo una inmersión seguida de un cómico regreso instantáneo a la verticalidad. El agua le resbaló un momento por la piel — un instante; en seguida la piel quedó dura, turgente y seca. Montserrat tiene una piel que escupe el agua, insensible, como el bronce, a la mórbida penetración del líquido. Una piel impenetrable, turgente y sensual como un fruto.

Miquelet es engañador. Resiste el baño largo. Huesudo y cetrino, parece insensible a la desfibración y al reblandecimiento. En la lejanía se ve su cabeza como un corcho perdido. A menudo nada con el pecho a flor de agua. Durante largos momentos «hace el muerto», con el cuerpo flotante por la vaguedad de la ola. Montserrat se ha quedado en el borde de la playa. Un palmo de agua le cubre el cuerpo. Agua tibia en su superficie, más fresca en el fondo de la arena rosada. Se vuelve de espaldas al sol, los codos apoyados en la arena, un poco de agua ondulando sobre los brazos turgentes, resbalando sobre los omoplatos dorados. La lengua del mar se ata a su cuerpo; la pequeña ola marca una espiral sobre sus largas piernas. En el infinito desamparo del rincón solitario todo parece concentrarse, obsesionado, sobre su cuerpo. Alrededor de la forma, entrevista en el agua, se establece un paralelismo cósmico: las rayas de espu-

ma son paralelas a las ondulaciones de la playa, a
las ondulaciones del firmamento, a las ondulaciones
del cuerpo, a la concavidad luminosa de la roca, a
la curva de una espina de pescado blanca, limpia,
muerta sobre la arena...

Después salieron del agua y tomaron el sol un
rato. Volvieron a la sombra. El día iba declinando y
la sombra era más larga. Abrieron la fiambrera. Comieron un poco: una tortilla de un color amarillento
desvaído y un emparedado. Llevaban también una
botella de leche. Comieron en silencio, en medio de
aquel silencio que parece flotar, como un misterio, en
la juventud de los sexos —la mirada perdida en el
mar como un vidrio. Luego les invadió un sueño dulce y, tendidos en la arena, se adormecieron. Durmieron un largo rato, inmóviles, como si las desorbitadas
dimensiones del lugar hubieran dado una rara timidez a sus cuerpos. A medida que la tarde avanzaba,
la sombra iba humedeciéndose y sucesivamente abrieron los ojos. Vieron en el horizonte una raya de humo... que les incitó al viaje más rápido y cómodo;
al viaje hipotético. Durmieron todavía un rato más.

Al declinar el sol se despabilaron definitivamente
y como en la sombra hiciese ya algo de fresco se situa-
ron al lado de poniente de la roca. El sol había perdido algo de fuerza, el aire era caliente y resplandeciente; sobre el crepúsculo se condensaba un resplandor de horno. Quedaron hechizados con la puesta de
sol. Sentados en la arena, bajo la inmensa bóveda del
cielo, Miquelet cogió la mano de la muchacha, una
mano sin fuerza, desmayada, y así contemplaron el
crepúsculo, inmóviles, en silencio un largo rato. Pasado un tiempo la dejó caer con una idéntica naturalidad. Montserrat sentía una lasitud vacía. El mecánico

parecía inmerso en una ausencia tranquila — en una gran indiferencia.

Luego arrastraron la bicicleta hasta la carretera e iniciaron el regreso hacia Torrelles. En determinados momentos la subida se les hizo penosa. Llegaron al pueblo muy fatigados, con un hambre canina. El aire caliente del pueblo los cubrió con un sudor sofocante. Se despidieron con un adiós acompañado de un movimiento de hombros de imposible definición.

XIII

En verano, cuando el sol declina, en Torrelles difícilmente puedo quedarme en casa. Es un movimiento que me domina: tengo que salir. Sé perfectamente que el interior de las casas es más fresco que cualquier lugar público de la población; pero es inútil; tengo que hacer como la demás gente: tengo que salir. En este país, en que la vida social no es más que un rosario de continuadas decepciones, todo parece imbuído, cuando llega este tiempo, de un gran deseo de sociabilidad. Cuando estamos en pleno verano invade a mi memoria el olor de las acacias floridas que va tan ligado a mi vida de Barcelona y este perfume actúa sobre mí con una fuerza motriz. Con paso incierto me dirijo entonces al Bar Montseny.

Este establecimiento está situado en la calle principal de la población — en la carretera —, de la cual la calle Estrecha no es más que una prolongación.

Al llegar a la segunda quincena de mayo, un buen día este bar abre sus dos puertas y el gran cristal de su fachada queda completamente descubierto. Se ins-

talan unas mesas con sus sillones de mimbre sobre el
bordillo de la calle y los parroquianos salen a sentarse bajo la tienda plegable. Así se forma una terraza impersonal y modesta — una de estas terrazas ante
las cuales habréis pasado miles de veces sin recordar
de ella ni un solo detalle. Las mesas son de mármol y
redondas; los sillones de mimbre tienen su red aflo-
jada y mortecina, gemebunda. Cuando llega esta época me convierto en un elemento de esta terraza a la
cual le pido una ilusión de frescura.

El propietario es un hombre pequeño, macizo y
corpulento. La entrada de su establecimiento en el
régimen estival lo transforma paralelamente. Hombre friolero, lleva, hasta el día de la transformación,
ropas fuertes, zapatos de cuero amarillo y un sombrero
verde. Pero de la noche a la mañana se convierte en
un hombre caluroso siéndole necesario vestirse adecua-
damente. Entonces aparece con una especie de uniforme estival: camisa de manga corta abierta, en ángulo obtuso, hasta donde se inicia la pelusilla del
pecho y unos pantalones muy anchos.

—Ahora ya puede hacer calor — dice, presentán-
dose ante la clientela, vestido de esta forma, con un
aire satisfecho.

Al iniciarse el crepúsculo, se sitúa, con una regadera en la mano, ante el establecimiento, en medio
de la calle y dedica un tiempo determinado en regar
todo aquello de un modo consciente y con reflexiva
inteligencia. Verdad es que en los pueblos donde el
agua escasea — que son abundantes — la gente maneja la regadera con una envidiable perfección. En Torrelles hay poca agua. En la parte alta de la población, en realidad, no hay ni una pizca. Tener regada
la parte alicuota de la calle resulta, en la mayoría de

casos, una necesidad casi espiritual — es la compensa-
ción de un deseo imposible. Así es que en estos pueblos existen personas que con la pequeña cantidad de
agua que sale de los agujeros de la regadera saben
dibujar cuadrados, rectángulos, rombos y romboides
perfectos, de una exactitud angular sorprendente.

El propietario del Bar Montseny es, en esta actividad, un representante prodigioso. Es un técnico de
la regadera y no existe nadie en Torrelles que sepa
regar como él. No sé de dónde saca el agua; pero lo
cierto es que la saca. Utiliza una regadera grande de
un color amarillo, llena de abolladuras y una regadera
pequeña de un color verde estridente. Con la grande
hace los trabajos de base; con la pequeña los de orna-
mentación artística final. Dibuja a la perfección. Ni
un hilillo de líquido le escapa de la línea. Con la
regadera verde podría dibujar sobre el polvo blanco
de la calle un corazón atravesado por una flecha. Su
dominio es absoluto; su ojeada sobre el terreno infalible. Una vez terminado el trabajo, la mancha obscura de tierra húmeda, que huele a almendras tiernas,
lleva hasta la terraza una sensación de frescura deliciosa. Con este fresco es agradable fumar un cigarrillo.
Quizá la perfección geométrica de la mancha contribuye al modesto bienestar. En verano la geometría y
el orden son refrescantes y el caos, en cambio, aumenta
el bochorno. En invierno quizás ocurra al revés.

Aprecio en este hombre el esfuerzo que hace para
conseguir hacer agradable el verano. Soy un cliente
agradecido. La necesidad de manifestar estos sentimientos ha hecho que exista entre nosotros una corriente de simpatía.

En Torrelles no es nada corriente que las personas
consideradas importantes — y entre ellas debemos re-

conocer las que poseen algún título profesional — frecuenten establecimientos como el ya mencionado Bar Montseny. Desde el punto de vista de la importancia de estos señores, esta clase de locales no son considerados plausibles. Así es que el solo hecho de que yo sea cliente ha sido copiosamente criticado y Francisqueta ha sido uno de los elementos más activos en este movimiento adverso. No se ha atrevido decírmelo a la cara, pero, en cambio, me consta que ha hablado de mí despectivamente.

—¿Qué se ha creído este veterinario de tres al cuarto? — suele decir a las vecinas de la calle —. ¡Frecuentar estos locales y tener criada no puede ser...! Una servidora está acostumbrada a tratar a otra clase de gente...

El dueño tiene el *fisique du rôle,* quiero decir que parece realmente lo que es: el propietario de un bar de pueblo. Su voz es bronca, tiene unas bolsas debajo los ojos, y un aire un poco perentorio y displicente. Estos detalles superficiales, meramente decorativos, han contribuído, sin duda, a darle la fama equívoca que suelen tener los que tratan con esta clase de negocios. Se les considera gente viciosa, hombres que comen, beben y juegan perdiendo la noche, que no tienen escrúpulos y que llegan a un mal final.

Y ahora, hablando de una manera completamente objetiva, puedo afirmar que en lo que llevamos de verano este hombre no ha hecho más que darme buenos consejos y conducirme hacia el camino de la virtud. «¡No tome tanto coñac, que le hará daño!», oigo que me dice. «¿Quere perder el apetito? ¡Tome un vermut!». «¡No fume tanto que luego tendrá bronquitis!». «Hace mucha humedad; entre aquí, créame a mí!» «¡No se enamore, medite!» Estas son las manifestaciones más corrientes de la sabiduría sentenciosa del propietario del Bar Montseny.

Ahora bien; yo querría tener suficiente habilidad para poder contar a mi cocinera esta realidad, procurando, al mismo tiempo, evitar que se enfadara. Pero, sin embargo, pasan los días y el momento de la habilidad no se presenta. Y Francisqueta no se atreve a manifestarme francamente que mi presencia en el Bar Montseny es una certificación explícita de mala conducta y un fenómeno de escasa ejemplaridad. Y yo no sé explicarle la verdad de los hechos, porque sólo al pensar en la sonrisa sarcástica con que serían recibidas mis manifestaciones si lo intentara me desanima y me desarma por completo. Así, pues, entre la cocinera y yo existe este equívoco. Este equívoco es probablemente insoluble. A medida que los buenos consejos y la inocuidad de las consumiciones contribuyan a encauzar nuevamente mi vida, ella creerá cada día con mayor firmeza que mi progresión por el camino del vicio se acentúa peligrosamente. Quizá la llegada del otoño que nos hará quedar otra vez en casa podrá aclarar el malentendido que existe entre la cocinera y yo a causa de este modesto establecimiento.

XIV

ENRIQUE — este simplón que hace tantos meses que no habla con su mujer, la pobre Teresa —, ha tenido una infección intestinal — cosas de la fruta, según dicen — y durante dos días ha estado rondando los treinta y nueve y medio de fiebre. En los momentos de delirio se puso a cantar — cosa que es posible en los febricitantes — y cantó a voz en grito. Así, algunos transeúntes pudieron oír, desde la calle, una extraña melopea. Y, cosa singular, Enrique manifestó una visible tendencia a cantar la Marcha Real: «La Virgen María es nuestra protectora, con tal defensora, etcétera...»

Dalmau, que pasa por la calle a horas fijas, yendo o volviendo de su trabajo en la fábrica, se sorprendió por el torrente de voz que salía por la ventana y creyó conveniente realizar una rápida investigación. Esta investigación la llevó a cabo tan pronto como hubo superado el primer movimiento de estupor que le invadió ante un fenómeno tan insólito, desagradable y provocativo. Cuando se hubo tranquilizado, pensó:

«He aquí otro tarambana que está ensayando...»

Pero a medida que iba reflexionando se preguntó:

«¡Quisiera saber qué es lo que está ensayando este imbécil...!»

Su indignación al darse cuenta fué tan intensa que cayó de nuevo en la confusión inicial y le invadió un visible temblor.

Dalmau tenía el oído muy fino. Eran las seis y media de la tarde, de una calurosa tarde de verano. El tránsito rodado era casi nulo en la calle. En aquel momento imperaba la calma. Pasaba poca gente. El primer descubrimiento fué muy rápido. La ventana de la cual procedía la voz era la correspondiente al número ocho de la calle.

—¡Claro está!—dijo Dalmau, preocupado, con una indignación creciente—. Esta voz que estoy oyendo es la voz de Enrique.

Ya convencido, su estupefacción superó la capacidad de disimulo de que dispone siempre un político y especialmente un político de pueblo. La contrariedad, sin embargo, se advirtió en él de un modo equívoco. Enrique formaba parte del partido de Dalmau, estaban inscritos en el mismo censo político.

Dalmau es una de las personalidades más importantes de Torrelles. Tiene sesenta años y, además, fama de integérrimo. Es un hombre pequeño y corpulento, peludo, pero al mismo tiempo calvo, que lleva una garibaldina de color de vino, pantalones de pana, una pequeña gorra, y alpargatas. Es un hombre de cejas pobladas, de mirada negra, densa, y un bigote generoso. Es pobre como una rata, de una honradez angélica, bueno como el pan. Es bueno como el pan, pero su bondad tiene naturalmente un límite: el ridículo. Dalmau tiene el sentido del ridículo, encarna el sentido del ridículo de su partido. Sería considerablemente aventurado imaginar que en las filas en que Dalmau milita con carácter directivo, impera una forma cualquiera de disciplina. De todas maneras existe una cierta vigilancia frente a las posibles desviaciones. Cuando Dalmau comprueba una desviación lindante con el ridículo, descarga un puñetazo sobre la mesa — un puñetazo, se entiende, simbólico — y las cosas quedan instantáneamente encauzadas y corregidas. Mientras la operación correctiva está en curso, Dalmau mantiene una impresionante firmeza. Pero después vienen las consecuencias. Su esposa, la señora Dalmau, repite a todo el mundo que los esfuerzos de disciplina programática realizados por su marido, le suelen costar cuatro y a veces hasta cinco días de restreñimiento.

Lo cierto es que, establecido inequívocamente que a las seis y media de la tarde Enrique cantaba la canción a la que ya hemos hecho referencia, se reunió a las ocho en punto y en forma que habría podido pa-

recer clandestina, la junta correspondiente, y pocos
minutos después Enrique quedaba excluído de la agru-
pación política.

—Estos malos ejemplos — dijo Dalmau muy pálido — no pueden tolerarse. Se ha de efectuar un escar-
miento...

La palidez de Dalmau al pronunciar estas — y
otras — palabras eran los primeros síntomas.

Con una regla y un tiralíneas, el secretario tiró dos
líneas paralelas de tinta encarnada sobre el nombre y
los apellidos de Enrique. Después, no señalando ninguna otra cosa urgente el orden del día, los de la
junta se despidieron y se marcharon a cenar a sus respectivos domicilios.

Ya en la mesa, sintieron apetito. La psicología no
pasa nunca de moda, y los más reputados aficionados
a esta ciencia incipiente nos han asegurado toda la
vida que lo que equilibra más el organismo humano
es el recuerdo del deber cumplido. Establecer corres-
pondencias entre lo moral y lo físico — entre las célu-
las y los imperativos — es muy sabio y digno. Las
judías fritas tienen mil sabores cuando nos hemos por-
tado bien, cuando hemos estado correctos. Antes de
las nueve de la noche, el secretario, en nombre de Dalmau, comunicó a Teresa que su marido había sido
expulsado del censo.

Ante la extraña comunicación, Teresa, agotada de
cansancio, nerviosa, muerta de sueño, reaccionó pre-
cariamente. En realidad no comprendió nada. En
principio, le pareció que el secretario era una especie
de loco desencadenado.

A la mañana siguiente, sin embargo, algo más serena, se dió cuenta del espectáculo que se produciría al
saberse que su marido había sido borrado de una lista

(ella decía una lista, porque, prescindiendo del hecho en sí, no recordaba con mucha precisión lo que el secretario le había dicho) sin que ella (Teresa) hubiese hecho nada para evitarlo o, por lo menos, sin haber luchado contra lo que el secretario había presentado como un funesto acontecimiento. Un matrimonio pobre, de vitalidad descendente, tiende a rendirse ante las circunstancias adversas. Los matrimonios que pueden dejar pasar dos años sin que el diálogo se produzca tienen, como se dice por aquí, muy mala pieza en el telar. Pero precisamente por esto, es decir, para evitar un voluntario empeoramiento de las cosas, ya gravísimas en sí mismas, deben actuar con cierta delicadeza.

Teresa se consideró obligada a hacer una visita a Dalmau. Lo encontró tieso y evasivo.

—Tenía fiebre... — dijo Teresa.

—¡Hum! — respondió Dalmau, muy hosco, sin mirarla, y golpeando repetidamente el suelo con la punta de la alpargata.

—Estaba a treinta y nueve y medio...

—No lo dudo, pero has de saber y entender que las personas de nuestras convicciones no pueden cantar ciertas marchas ni que estén a cuarenta y medio...

Teresa miró a Dalmau con una infinita e irónica compasión; pero al observar que Dalmau comprendía su mirada, puso una cara de angustia y de sufrimiento.

—Lo que ha ocurrido con Enrique — añadió Dalmau — indica unas convicciones cívicas muy flojas. Se debe ser como una roca, porque si por un lado unos empiezan a cantar determinadas musiquitas y los otros vamos con remilgos; si los correligionarios pasan de la raya y los dirigentes no reaccionan debidamente; si...

Dalmau había disparado con una volubilidad muy marcada el zigzag dialéctico de su discurso. Teresa se consideró vencida, anonadada, definitivamente sumergida. Se levantó de la silla y mientras andaba hacia la puerta de la calle, dijo como asustada:

—¡Por favor, no me atormente más!

Dalmau quedó con el angustioso vacío de aquella arenga informulada en la boca; pasó una mala tarde y se encontró enfermo. Al comprobar Francisqueta, al cabo de dos o tres días, que ya no pasaba por la calle, comentó como si hablara del tiempo, con un deje filosófico:

—Si este estafermo no se humaniza...

XV

HACE ya dos o tres días que Francisqueta está furiosa. Es una mujer que sigue las oscilaciones de la calle. Es natural que, habiéndose hablado tanto de la cuestión, Francisqueta esté obsesionada. Que se ha hablado de un modo abrumador no hay duda alguna; me refiero al famoso asunto del colchón de la anciana señora Maristany.

La señora Maristany es una vieja señora que ha ido un poco a menos (económicamente hablando). Tiene dos hijos. El mayor, Antonio, se casó años atrás con una muchacha de pueblo, alegre, simpática, de una discreta fortuna. Cuando se casaron el padre de la muchacha les hizo un espléndido regalo; durante el curso del banquete nupcial, debajo del primer plato se encontraron con mucho dinero — cinco o seis mil duros en billetes — con derecho a utilización inmediata y

auténtica. Además les regaló el mobiliario de la casa,
que resultó sólido y excelente. Y entre las muchísimas
cosas comprendidas en el obsequio, había también un
magnífico colchón de lana; un colchón, sin duda rega-
lado para hacer más agradable la larga y tan a menudo
aburrida convivencia.

Ya una vez casados, la suegra, o sea la señora Maristany, se trasladó a vivir bajo el mismo techo de sus
hijos y con el tiempo sucedió lo que suele ser corriente
entre las personas que viven de este modo; las relaciones entre ellos no fueron tan suaves y tan cordiales
como habrían sido si hubieran vivido bajo techos diferentes. La vieja señora Maristany consideró que su nue-
ra no era de su brazo — como se dice vulgarmente.
En realidad, siendo Antonio un poco ensimismado y
tímido, resultó que su esposa tuvo que contribuir en
seguida en los gastos de la casa de un modo positivo.

La señora Maristany tiene otro hijo, Narciso, que
hace ya dos o tres años se casó con una señorita que,
según la opinión pública, será muy rica el día que sus
padres abandonen este mundo y le dejen todo aquello
que bien les parezca. Mientras tanto, Narciso y su
joven esposa viven en Barcelona y la base más sólida
de su vida está formada por el respeto que suelen producir en el prójimo las hipótesis y las profecías cuando
son plausibles.

Este matrimonio es poco aficionado a ir a Torrelles.
De todas maneras, cada año por la fiesta mayor viene
a pasar unos días — unos días que suelen prolongarse
hasta después de fiestas. Cuando llegan estos días, la
señora Maristany está radiante, muy contenta. A la
señora Maristany le ocurre lo que suele ocurrir a la
mayoría de la gente: tiene un corazón más sensible
para las ausencias que para las presencias.

El asunto famoso del colchón ocurre cuando el matrimonio llega de Barcelona. Simplemente se reduce a eso: cuando Narciso y su encantadora esposa aparecen, la señora Maristany en persona desplaza el colchón donde duermen habitualmente Antonio y su señora a la cama que deben ocupar los recién llegados.

Dada la concepción del mundo de la señora Maristany, el desplazamiento del colchón es una simple consecuencia que habría podido ser prevista desde mucho tiempo atrás. Cuando se casó su hijo Narciso la señora Maristany confesó a sus íntimos —entre otros a la señora Pura, que hace días me lo relató:

—Narciso —dijo la señora Maristany —ha hecho quedar bien a la familia. ¡Y eso es lo que cuenta! Fuera de esto, lo demás son insignificancias, tonterías...

Cuando llega la fiesta mayor aparecen los de Barcelona y se produce el traslado del colchón. Francisqueta, y en general toda la calle Estrecha, se encalabrinan. Francisqueta se convierte en una acérrima adversaria del desplazamiento del colchón, y usa infatigablemente su mucha actividad y su incansable lengua. En general, al acto que realiza la señora Maristany se le atribuye una trascendencia francamente extravagante, contra los principios de la equidad. Narciso y su esposa están considerados como unos usurpadores y unos réprobos, divorciados de aquel mínimo de orden y de justicia que ha de imperar en toda sociedad bien construída. A Antonio y su esposa se les mira disimuladamente con los ojos en blanco, melancólicos y compasivos, de una manera ligeramente lacrimosa y bovina. «¡Pobrecitos!», piensa la gente, con el colchón en la memoria, con el dichoso colchón inicuamente cambiado de cama.

Francisqueta circula de casa en casa con la sana
intención de hinchar el perro. El aspecto altivo que
toma la señora Maristany en el asunto del colchón la
enerva. Yo trato de calmarla, pero apenas me concede
audiencia.

—¡Eso son cosas de familia! —le insisto—. Los
asuntos sobre colchones no interesan a nadie. No son
cosas de la calle. ¡No sea niña, Francisqueta! Eso son
cosas de la señora Maristany y sus hijos...

—¡Qué me dice...! —replica, viva, irónica, la cocinera.

—¡Lo que oye! La señora Maristany pretende que
cuando llega su familia de Barcelona tengan un buen
colchón en la cama. Los demás días del año es la otra
familia la que duerme bien. ¿Qué quiere usted hacerle?

—Pero hay cosas que no deberían suceder...

—De acuerdo. Pero una vez dicho eso, ¿qué se
puede arreglar? ¿Quiere acaso entablar un pleito con
la señora Maristany por desplazamiento de colchón?
¿Quiere que riñan definitivamente?

—Esta señora es una vieja loca, caprichosa y extravagante, una que ha ido a menos... Lo que debería
tener es un poco de juicio y no hacer más el tonto...

—¡Claro, Francisqueta, claro! Pero, ¿qué más? No
se críe mala sangre por los colchones de los demás,
¡créame!

—¡Esta vieja loca es una que ha ido a menos...!
¡Eso es lo que yo digo!

—¿Pero qué relación tiene lo que hablamos en haber ido a menos o el haber ido a más? ¿Qué nos importa, señora Francisqueta, si la señora Maristany ha ido
a menos o ha ido a más? ¿No le parece? A usted lo
que le conviene es tener salud, y pasar su vida con tranquilidad...

—¡Y buenos alimentos! —concluyó Francisqueta, cerrando la puerta de golpe, con el semblante seco y envarado.

Este suceso del colchón ha obsesionado a Francisqueta durante los días de la fiesta mayor e incluso los siguientes. Ha realizado innumerables visitas. Ha presentado a la señora Maristany bajo un aspecto tétrico. Tengo la impresión de que ha pasado unos días magníficos, de que ha disfrutado enormemente. No hay como tener razón para pasarlo bien. Ya lo dicen los moralistas.

XVI

L A fiesta mayor de Torrelles ha terminado, ¡gracias a Dios! Todo ha ido perfectamente; quiero decir que todo ha sido ruidoso, rutilante y ha tenido hasta aquel punto de mezquina y estúpida ternura que ayuda a pasar la vida. Cuanto más vacía es la existencia más ruido necesita. Pero todo este jaleo es indispensable para luego saborear con sosiego la calma de nuestra pobre vida.

Estamos en verano. No existe ningún problema perentorio. Es un verano enorme, grandioso, escenográfico, resplandeciente.

En Torrelles, como en todos los pueblos, existen personas aficionadas a la meteorología recreativa. Estas personas me dicen que recuerdan veranos tan calurosos como este, pero ninguno tan largo y con tantos días de continuada canícula. El cielo se mantiene siempre igual: azul, desamueblado, vacío, como esmerilado. El campo está incendiado de amarillos frenéticos. Todo

está seco, agotado, polvoriento. Ver a un payés al lado
de un matorral encendido, arrastrando una nube de
polvo, es un espectáculo deprimente. Pienso, en cambio, lo bello que es ver hundir en otoño la reja de un
arado en la pulpa de una tierra porosa, densa y contemplar la hinchada y solemne espiral de caracol que
hace la tierra revuelta por el arado. Al anochecer, al
regresar de las masías, las cigarras cantan con el mismo
ímpetu que por la mañana. Por la noche continúan can-
tando, porque todavía hay mucho bochorno. Sólo el
fresco de la madrugada las aquieta un poco.

Decir que el verano es la estación más triste del año
de este país es probablemente una herejía. Pero a mí
me lo parece. El verano es desordenado, es una tentativa de intimidad fracasada. A mí me gusta más un
campo de un verde húmedo que un campo amarillo y
crujiente. Me agrada más un cielo gris que un cielo de
duro cristal. Prefiero más la dulce llovizna que la luz
crepitante, el impermeable que el ir en mangas de camisa, las bebidas invernales, tan sabrosas, más que los
líquidos helados e insípidos. Me gusta más el aire tocado por una ligera niebla azulada, que el aire polvoriento, asfixiante, bajo el firmamento diamantino. La
luz del otoño, en este lugar, es una de las cosas más lu-
josas y finas que puedan imaginarse; esta luz, en verano, es cegadora y a mí, particularmente, me produce
una gran fatiga. En verano la inteligencia se entorpece
y la sensibilidad se desfibra. Horacio hablaba de la luz
rabiosa del verano; Mallarmé, del lúcido invierno. A
mí me parece que estos dos adjetivos son perfectamente
adecuados. Si yo pudiera practicar una concepción cualquiera del verano, me parece que coincidiría más con
las ideas de antaño que con las actuales. No iría a ve-
ranear para tener más calor ni para llevar gafas ahu-

madas; dormiría, si fuera posible, con una manta en
la cama.

Después de comer, me quedo en casa y ajusto los
ventanales. El despacho queda sumergido en una penumbra fresca y agradable. Del pueblo me llega un silencio de marasmo, la somnolencia de la luz africana.
Si pasa un carro, siento la sensación de que el caballo
camina adormecido; sus pisadas resuenan en un extraño vacío. Es aquella hora en que la gente duerme en
las bolsas de los carros. En la habitación se oye el vuelo
de una mosca. Tiene que ser una sola. Si hay dos la
sensación estival concentrada que produce el volátil se
convierte en franca incomodidad. El insecto debe pla-
near, además, de una manera sonambúlica, como si
atravesara un medio muy denso, una atmósfera azu-
carada. Sentado frente a la mesa, con una pluma en la
mano, ante un blanco papel, escribo estas líneas. El
silencio presta un relieve obsesionante a la nerviosidad
caligráfica sobre el papel. Cuando la pluma se detiene,
se oye la vaguedad lejana, soñolienta, del vuelo del
insecto.

A las cinco de la tarde (hora solar) inicio la marcha
hacia las masías, para rendir las acostumbradas visitas.
En las afueras me asalta el flotante zumbido de las abejas y los moscardones. Las abejas liban las flores, ya algo
secas, intensamente perfumadas, del espliego, del ro-
mero, del brezo florido, de las aliagas moradas. El perfume fuerte, sólido, ligeramente áspero de las flores se
mezcla con el sonsonete del vuelo de los insectos y es
inevitable sentirse entonces invadido por un rumor perfumado que irisa el aire con una luz rubia, pálidamen-
te dorada.

A partir de las diez de la noche, la terraza del Bar
Montseny queda muy solitaria. Allí tomamos el fresco

(muy poco fresco a decir verdad) media docena de clientes de poca categoría y de ínfimo gasto. Cada cliente ocupa una mesa solitaria y suele tener frente a él una taza de café vacía, agotada. Todos estamos inmóviles y no decimos ni una sola palabra. Pero esta terraza nos gusta precisamente por este motivo: porque nadie se cree autorizado a invadir la intimidad de pasar un largo rato sin articular sílaba alguna.

En esta terraza medito a menudo acerca de las posibilidades que la vida de Torrelles puede ofrecerme en los años venideros. Pienso:

«Si te quedas a vivir en Torrelles tendrás ocasión, año tras año, de contemplar la transformación que sufre este establecimiento. Cuando llega el buen tiempo, este bar cambia de cara. En invierno tomarás el café en el interior; en verano en la terraza. Cuando se produce el cambio, la calle indudablemente gana. Las luces del establecimiento proyectan al exterior una mancha que fascina la mirada por un momento. Dada la inclinación que la gente siente por la luz, la calle se halla más animada. En estas condiciones, pues, y sentados en un sillón de mimbre, pasaremos las noches de verano. Si Dios no pone remedio —y yo creo que para poner remedio a las cosas hay que ir en este país con pies de plomo— permaneceremos sentados en uno u otro de estos asientos un rato más o menos largo cada día hasta que se presenten las primeras lluvias de septiembre. Nos parecerá en cualquier noche de septiembre, que el tiempo ha refrescado. Cuando este momento llegue, con la misma ilusión con que hace semanas salimos a la terraza, entraremos todos en fila india dentro del bar. El rincón que forman las paredes, la protección del techo, nos parecerá muy agradable. Veremos entonces transcurrir el invierno desde detrás de los empañados cristales del bar. La calle, evidentemente, es la más concurrida de la población, pero me puedo perfectamente imaginar el aspecto invernal que presenta bajo la precaria luz del alumbrado público, con las pequeñas salpicaduras amarillas de los desmayados escaparates, y el efecto obsesivo de la melancólica soledad. A través de los cristales cegados por el aliento humano, veremos pasar al oscurecer una pareja de enamorados pálidos y evanescentes, un grupo de chiquillos, una pobre mujer que va a buscar la leche con una lechera en la mano. Transcurridas unas semanas se establecerá una cierta «franqueza» con la clientela circundante. Especularemos de fútbol y disertaremos sobre las señoritas. Para esperar que llegue la hora de cenar, me acercaré a la mesa de los demás o los demás se aproximarán a la mía. Se hablará de eso, de aquello y de lo de más allá, de muy poca cosa, en realidad de nada en resumidas cuentas. Un día un hombre me preguntará: «¿Hoy qué ha comido usted?». Éste será, en definitiva, el cambio más profundo que, al correr de los años, se producirá en tu vida. Dentro o fuera del establecimiento: no hay otra solución imaginable ni posible.»

El monólogo acostumbraba a llegar hasta este punto, pero a veces — las noches en que solía soplar el aire de tramuntana — tenía una reacción más viva y me preguntaba con una íntima indignación: «¿Pero es que este naufragio bajo las formas más mecánicas de la superficialidad, de lo irrisorio, puede fríamente aceptarse? ¿Toda la vida que puede irradiar en este mundo un ser humano ha de reducirse a esta atonía, a esta trágica pasividad?»

Cerca de las once de la noche, han desfilado por delante la terraza todas las personas que ineluctablemente tenían que desfilar. Han pasado los jóvenes matrimonios que ya vienen de dar su paseo cotidiano; la señora está encinta. «Está bien aviada», dicen en Torrelles, y en esta situación andar un poco a esta hora es muy conveniente. También pasaron los tres o cuatro grupos de ciudadanos que tienen la costumbre, en verano, de practicar el peripatetismo antes de retirarse. También desaparecieron aquella ingente cantidad de personas que, sentadas en la puerta de sus respectivas casas, toman el fresco. Estos hombres y estas mujeres, quedaron sentados cerca del bordillo, muchos de ellos con un botijo de agua fresca a su lado, absortos, medio adormilados, callados durante un largo rato. Cuando el reloj de la iglesia tocó las diez y media, se levantaron, bebieron un poco de agua y con el botijo en la mano entraron a su casa. Se oyó cómo cerraban con el pestillo de la puerta y cómo daban la vuelta a la llave y luego se vió un poco de luz en la ventana. Quedó así, todo acabado: la calle vacía, silenciosa y como encantada. Es este el momento preciso en que aparece un perro que se tiende a dormir en medio de la calle, con las patas deliciosamente estiradas.

En la calle silenciosa ha llegado entonces, a la terraza, de una manera perfectamente precisa, el largo, siniestro, silbante sonido que producen las lechuzas del campanario y que rasga el aire de negra seda de la noche de verano. Es entonces cuando empieza la auténtica noche estival. El vientecillo nocturno — viento perdido — hincha un poco la cortina de malla de la puerta del establecimiento. El vientre que modela la cortina tiene una forma búdica, solemne e importante. Pero, de repente, el viento cae y la cortina queda desflecada y vertical. En medio de la calle, suspendido a cierta altura sobre el residuo de la calle regada, se ve la luz moribunda, amarilla, de un pequeño arco voltaico. Más lejos de esta luz se distingue el cielo borroso, de luminosidad blanca, vagamente láctea, una luminosidad que parece estar a punto de coagularse. Vuelan los moscardones alrededor del cristal de la luz, frenéticos, electrizados; chocan con el cristal, caen un momento, retornan a la luz agitando furiosamente sus alas. El aleteo sobre la luz parece arrancar del cristal unas salpicaduras relumbrantes, un chispear que atraviesa la tenue consistencia de los tejidos grisáceos, azulados, de los insectos enajenados. La contemplación del espectáculo contribuye, en gran manera, a la formación de una atmósfera estival completa y acabada. Pero llega un instante en que el espectáculo se acaba también. Cuando suenan las doce, los arcos voltaicos se apagan. Y entonces no permanece en el aire silencioso y obscurecido — de una obscuridad vagamente iluminada por la láctea luminosidad estelar — otra cosa que las súbitas incisiones que, deshilachando el aire de seda de la noche, produce el chiflido de las lechuzas del campanario. Los clientes de la terraza han ido desfilando uno detrás de otro, sin decir nada, como vagas sombras. El propietario del establecimiento empieza a levantar castillos de sillas encima de las mesas. A última hora, a veces, llega un rezagado, uno de esos hombres que llegan a la puerta de los establecimientos en el preciso momento de cerrar. Pide una bebida que injiere rápidamente, sin respirar. Después paga y se marcha. Es hora de recogerse en cama. Yendo hacia a casa, en la calle desierta, mis pasos retumban como en una sala vacía y abandonada. El perro duerme en medio de la calle con las patas deliciosamente estiradas. Mañana será otro día. Da lo mismo, al fin y al cabo.

XVII

Cuando me acuerdo que la señora Pura me aseguró que en la calle Estrecha se podía vivir de una manera independiente me pregunto si no fuí objeto de una broma. En realidad, es imposible no topar constantemente con los vecinos, ni eludir su presencia y proximidad. Como que no soy entrometido ni curioso, es posible que en este ambiente no seré un hombre feliz jamás. La escasa amenidad que se conserva en este mundo consiste, probablemente, en la degustación de los pequeños detalles, de las minúsculas, coleantes anécdotas de la microscópica curiosidad.

Hoy me ha correspondido el turno de la señorita Remedios. Esta señorita no se beneficia en absoluto de la simpatía de Francisqueta. Cuando se refiere a ella mi cocinera adopta un aire imperioso y despectivo. Dice, en el tono directo y amargo habitual en el país:

—Es muy señora y muy perezosa. Mejor dicho, no ha alzado en su vida ni una paja del suelo...

Me estoy dando cuenta del peso considerable que ejerce sobre mi ánimo la influencia de Francisqueta. Casi todo lo que sé de Torrelles, de mis vecinos de calle, de la vida del pueblo, lo sé por ella. Francisqueta me ha impuesto su manera de ver las cosas con una facilidad inexplicable. Quizá sea excesivo. Probablemente sería injusto si no dijera que le debo grandes favores. Mi posición como veterinario en Torrelles, es indiscutiblemente firme. Poseo un cierto prestigio entre los payeses. He tenido también un poco de suerte. Las cosas que Francisqueta ha dicho de mí en el mercado, y en general por todas partes, han contribuído po-

sitivamente al indudable progreso de mi carrera. Es
triste tener que confesar esto: en nuestra época no se
va a ninguna parte sin la ayuda de la propaganda. Mi
cocinera ha actuado *motu proprio*. Quizá la eterna
malicia os llevará a no creer cuanto acabo de decir.
Pero eso es un hecho. A Francisqueta le he entrado por
el ojo derecho, y desde el primer momento me hizo
objeto de una parte de su ternura. La dialéctica que
a mi favor ha desarrollado ha tenido éxito, probablemente, debido a su misma falta de base. Todo lo ha
extraído de su imaginación y de su fantasía. Ha inven-
tado enfermedades y curaciones con la misma facilidad
que uno puede comerse un melocotón. Su propaganda
ha sido directa y eficaz: ha dedicado a ella una parte
mínima de su tiempo; quiero decir con esto que no
ha sido una propaganda pesada y aburrida.

La historia que ha utilizado más a menudo ha sido
ésta:

· —Cuando vinieron a buscarle — y mientras habla
presenta una cara de una brumosa preocupación, con
una franja de arrugas oscuras en la frente —, cuando
vinieron a buscarle la vaca se estaba muriendo. Era
cuestión de un momento. El señorito entró en la cuadra muy animado, pero la procesión le iba por dentro.
No penséis ni por un instante que en este trabajo todo
sean rosas y flores. El animal tenía un vientre enorme,
como una bota, estaba en las puertas de la muerte.
Pues bien: no sabría explicar exactamente lo que sucedió... — al llegar aquí, el rostro se le empieza a des-
pejar y aclararse —. Lo cierto es que al cabo de dos
días, dos días justos, ¿comprendéis?, la vaca araba con
la misma fuerza de siempre... Su medicina le fué como
aceite a un candil, ¿lo veis bien?...

¡Santa simplicidad! Pero hablando siempre así hay

quien pica. En los progresos, me refiero a los progresos
económicos de un facultativo en nuestro país, intervienen siempre enfermedades inexistentes y curaciones mi-
lagrosas. El país tiende a la milagrería. Si de un profesional no pueden explicarse cosas parecidas a las que
ocurren en el último acto de un drama, cuando se arre-
glan todos los problemas, el porvenir del facultativo es
incierto. Y eso es verdad en todas las profesiones y en
todos los oficios. Lo que importa aquí, lo que da más
rendimiento, es dominar una forma u otra de charlata-
nería, de arbitrismo sentimental y contundente. Casi
da vergüenza decirlo, pero para tener tratos con la
gente, hasta los hombres de una formación científica
más seria tienen que adoptar una forma u otra de teatralidad. Excluyendo alguna vaga excepción, la ciencia
no va con nuestro temperamento. Una persona lista y
desembarazada como Francisqueta podría ejercer cualquier profesión con gran éxito.

Algunas veces me he preguntado: «¿Por qué Francisqueta dice estas cosas?» Primero, seguramente, porque le he sido simpático, luego para pasar el rato, pues
no creo que su generosidad corresponda a una forma
definida de afecto. Y por otra razón, quizá todavía:
acostumbrada a servir con la mentalidad de su tiempo,
considera que con el servicio va incluída la defensa de
los intereses morales y hasta quizá también los mate-
riales de las personas que sucesivamente le han pagado
su sueldo. He de confesar que en esta defensa a veces
se ha excedido, prueba evidente de que es una persona
de otra época. Algunas veces he tenido que pararle los
pies.

Un día que tuve que hacer retirar a un cerdo del
matadero, salió a la calle con una idea tan fabulosa de
las dimensiones de los microorganismos, que tuve que

interponerme. Mi rápida intervención, sin embargo, no pudo evitar que las cosas llegaran a oídos del señor alcalde, el cual, en el momento de felicitarme, me preguntó confidencialmente:

—Parece que eran enormes, ¿verdad?

No me atreví a responderle que eran como siempre: pequeñísimos. Pero, ¿qué no transmutaría Francisqueta?

Sí, efectivamente, su influencia es excesiva. ¿Pero es posible discutir con ella? De Torrelles, del pueblo, de la gente ¿qué sé yo, pobre de mí? ¿Qué ganaría de discutir con ella las cosas que no sé? En primer lugar sería una pérdida de tiempo. Después toda tentativa para mantenerla en su lugar la disgustaría profundamente. Se marcharía a servir a otra casa. Y, entonces, ¿dónde encontraría estos guisados breves y exquisitos, de pescado o de carne, que me presenta? ¡Estos guisados constituyen para mi estómago, dolorido de tanto ir de la Ceca a la Meca, un auténtico consuelo! ¡Cuántas cosas son necesarias aguantar en la vida para evitar el retorno a la fonda o a la casa de huéspedes! ¡Cuántas impertinencias! ¡Cuántos papeles ridículos se hacen para eludir las presencia de las judías verdes y del tétrico bistec con patatas! La modesta pero cuidada cocina de Francisqueta ha sido para mí uno de los encantos más positivos de Torrelles. Es evidente, pues, que las formas de la dialéctica que intervienen en la dirección de nuestra voluntad son muy diversas y de muy distinta naturaleza.

Andaba, pues, por el bordillo de la calle cuando de repente me di cuenta que la señorita Remedios caminaba a toda prisa delante mío. Al llegar a la puerta de su casa me detuve un momento para darle tiempo a que introdujera la llave en la cerradura y a que en-

trara. Pero las cosas ocurrieron de otra forma. La señorita Remedios no metió la llave en la cerradura, sino
que volviéndose en redondo me dirigió la palabra con
una gran jovialidad —una jovialidad, quizá, demasiado espumosa, ligeramente ficticia. Me dijo:

—Usted no necesita presentación... Doña Pura es
muy amiga mía y me ha hablado de usted. Usted es el
nuevo facultativo...

—El nuevo veterinario, señorita, el nuevo veterinario, simplemente...

Es curiosa la repugnancia que sienten las personas
finas y distinguidas al tener que utilizar la palabra veterinario. Lo llevo observado desde la escuela. No les
gusta. Su imaginación les traslada al ambiente de los
animales domésticos y de los animales de cuadra, ambiente que consideran grosero y desagradable. «¡Ay,
veterinario!», dicen cerrando los ojos de un modo que
pretende encarnar, por contraste, la fascinación de la
belleza ideal y haciendo con la mano aquel gesto de
displicencia como si quisieran apartar de su imaginación una imagen desagradable.

Este gesto lo vi hacer de pequeño y por primera
vez a mi tía Dolores. Esta señora poseía el arcaico ba-
chillerato de su época, llevaba unos lentes con un
pequeño cordón negro y hablaba con una voz respingona, segura y fúnebre. Solía afirmar que la palabra
veterinario olía a estiércol de cuadra y de ácido fénico.
Con eso, tía Dolores pretendía formular su entusiasmo
por la belleza ideal. No podría en modo alguno decirse
que el ejercicio de mi carrera tenga la aterciopelada
delicadeza que caracteriza la mentalidad burguesa de
la tía a la que hago referencia. Pero me consuela pensar que mi presencia, como profesional, en este mundo,
sirva para que algunas personas sientan la necesidad

de poner hitos y separaciones entre los hombres y los animales — aunque este trabajo de diferenciar sea únicamente una pura ilusión del espíritu de estas personas tan exquisitas.

—¿Y por qué no entra un momento? — dijo luego la señorita Remedios, acentuando la amabilidad —. Ya sé que está muy ocupado y que si se quiere cumplir... Doña Pura me lo ha contado todo. ¡Somos tan amigas! Además, todos estamos encantados de tenerlo por vecino...

La negativa fué imposible y tuve que penetrar en la casa tras la señorita Remedios. Después de la puerta me encontré en lo que pretendía ser el salón de la casa — un saloncito de muy reducidas dimensiones — amueblado con un sofá de rejilla, dos pequeñas mecedoras y seis sillas modernistas. Encima del sofá había dos *pufs* cubiertos de terciopelo negro, sobre el cual lucía un bordado de unas formas cúbicas de color amarillo. A primera vista estas formas daban un poco de miedo. Las mecedoras tenían dos lacitos de color rosa uno en cada lado en la parte alta del respaldo. Las sillas eran literalmente impresionantes y no las olvidaré mientras viva. Eran auténticas piezas de estilo y producían verdaderos escalofríos.

Las sillas tenían cuatro patas, como suelen tener todas las sillas, pero la tabla horizontal destinada a asentar las posaderas era tan estrecha, tan minúscula, constituía una tal monada delirante, que uno quedaba perplejo pensando a los extremos de frondosidad a que puede llegar la imaginación humana construyendo sillas con la única preocupación de eliminar rigurosamente la posibilidad de poder tomar asiento en ellas. Esta perplejidad inicial llegaba a producir una impresión de sufrimiento — la impresión que se siente al encontrarse ante una cosa que pretende destruir el tradicional significado de la palabra con que es designado. De la mezquina tabla horizontal, emergía el respaldo de la silla, que era muy estrecho en la parte baja y después, a medida que iba subiendo, se abría en forma de abanico. Estos respaldos pretendían imitar la cintura de avispa y el busto de las señoras de cuarenta y cinco años atrás — bustos que eran, como recordarán, estrechos de cintura y después se redondeaban en la parte superior del corsé, a la altura del pecho, y todavía más a la altura de la espalda. En la parte superior de los respaldos habían las correspondientes orejas — las orejas que el modernismo colocó en todo lo que produjo: casas, espejos, marcos, ventanas, vestidos, cafeteras, etc.

—¿Son bonitas, verdad? — preguntó la señorita Remedios al observar el choque moral en que quedé sumido al contemplarlas —. Las heredé de la pobre Conchita, mi prima hermana. Son muebles de estilo... — Al pronunciar esta frase, la señorita Remedios lo hizo en un tono que quería decir: ¡no hay discusión posible! — Mi prima vivió siempre en Barcelona como una reina, en un piso precioso de la calle Aragón, desde el cual veía pasar el tren...

—Realmente son curiosas... — dije, más muerto que vivo.

De las paredes colgaban dos imágenes: un Sagrado Corazón encima de un bloc agotado de calendario y una litografía procedente de una revista editada sobre papel *couché* que representaba una señorita rubia con una amplia y larga camisa, con los ojos en blanco y pulsando el arpa. Esta señorita pretendía representar una hada o quizás una musa. No pude averiguarlo. En un rincón del saloncito estaba el trípode habitual, con la planta encima, glacial.

—¡Si supiera lo fatigada que estoy!... ¡Estoy cansadísima! —dijo esto sin solución de continuidad, la señorita Remedios, dejándose caer en una mecedora y cruzando en seguida las piernas—. ¡Los insomnios me martirizan...!

—¿Padece usted insomnio, señorita? ¡La compadezco sinceramente! Es una cosa muy desagradable... —dije, mientras me sentaba en la otra mecedora y ponía la cara compungida que exigen las circunstancias.

En esta clase de conversaciones iniciales —en estas y en general en todas las conversaciones— no se emiten más que *flatus vocis,* no se formulan más que desencajadas e incoherentes trivialidades. Si cada noche en el momento de ir a dormir tuviéramos la fuerza y la osadía para recordar lo que hemos dicho durante el día, quedaríamos asustados de la cantidad de estupideces inútiles, gratuitas, generalmente malévolas, a menudo malignas, que durante las últimas horas hemos pronunciado.

—Sí, señor, sufro insomnios; pero lo peor es otra cosa; lo peor es que los pocos momentos en que puedo dormir me los paso soñando... Es una cosa perfectamente horrible...

—Sí, claro está... De todas formas, debe soñar toda clase de cosas: agradables, poéticas, sensacionalistas...

—Si doña Pura tiene humor ya se lo explicará. Entre ella y yo no existen misterios. Lo peor es que acostumbro a tener un sueño fijo, persistente, obsesionante...

—¿Dice un sueño persistente? ¿Y en qué sueña? Eso es muy interesante. ¿Sueña agua? ¿Sueña serpientes? ¿Sueña que viaja en automóvil a velocidades fantásticas?

—No, señor; sueño cosas más desagradables...

Ante la cara acongojada — congoja auténtica — de la señorita Remedios, recordé indignado lo que suele comentar de ella, con su rutinaria ligereza, Francisqueta.

La señorita Remedios representa tener unos cuarenta y cinco años. Está muy flaca, es alta, su piel es pálida, de un color terroso claro, resecada, chupada. Su pelo es muy negro, de una gran densidad, escarolado; una naricita de cartílagos delgados; una boca de labios secos y lineales, casi morados, sobre unos dientes pequeños, aguzados pero mates. De sus facciones lo más sorprendente son los ojos — dos ojos grandes y negros, redondos, brillantes, de una considerable movilidad, de un juego y rejuego que llega a producir fatiga. Estos ojos viven y se mueven bajo unas cejas obscuras y espesas y una frente estrecha, nerviosa, fruncida por mil pequeñas arrugas, envejecida — una frente fatigada. Viste un traje sastre azul marino con un *foulard* de un rojo quemado, rojo-ladrillo, en el cuello. A pesar de su edad, todos sus movimientos y sus palabras están avivados por una coquetería algo anticuada.

—¿Sería acaso indiscreto, señorita, que yo le pidiera algún detalle sobre sus sueños? — le dije después de una pausa —. La cosa me interesa... y si le digo esto es sólo por el deseo de escucharla con la máxima sinceridad...

Añadí:

—No sé si debo llamarla señorita Remedios... Si lo hago es porque...

—En realidad usted me ha de llamar señorita... Remedios. ¿No tiene un cigarrillo rubio?

—Lo siento enormemente. Fumo negro...

—Como buen veterinario... — dijo riendo —. Es

igual. Muchas gracias. No sé por dónde empezar, ¿comprende? Es muy desagradable.

—De todas formas, señorita, si usted sueña es porque duerme... —apunto para animarla.

—No comprendo...

—Claro está. Si usted sueña es que duerme, porque en este país no existen personas que sueñen despiertas...

—Sí, claro...

—Diga, pues.

—...Imagínese que, de repente, veo, soñando, que un hombre surge en mi habitación. Abre la puerta sin hacer ruido, agacha un poco la cabeza al pasar el umbral, camina unos pasos y se queda plantado en medio de la habitación, los brazos cruzados sobre el pecho, la mirada fija en mis ojos.

—¿Es una mirada dramática, ávida, teatral, para decirlo de una u otra manera...?

—No, señor. Es una mirada de curiosidad normal.

—¿Y quién sospecha que es este hombre que de este modo tan brusco se le presenta? ¿Se parece a algún amigo suyo? ¿O a algún familiar o simplemente conocido, en fin a algún ser humano ligado por una razón u otra a su vida?

—No, señor. Para mí es del todo desconocido, absolutamente. Es un joven alto, pálido, con una barba rubia sedosa y un bigote acabado en unas guías caracoleantes, los ojos un poco hundidos, los labios carnosos y rojos, los dientes blancos, que viste a la manera elegante de los jóvenes de hace veinticinco años; un traje color verdoso, camisa blanca con puños redondos y almidonados, cuello de pajarita, nudo de corbata voluminoso, corbata de un tono rosado, chaqueta con unas solapas muy pequeñas y cerradas. En su peinado —gasta brillantina— lleva una raya perfecta...

—Muy bien. Pero una vez comprobada la presencia del joven en la habitación, ¿qué pasa? Haga memoria, señorita...

—Verá usted... En el momento en que el joven entra en la habitación mi visión no es muy clara. Todo lo percibo de una manera turbia e imprecisa. Es en el instante de dar el último paso, es decir, cuando se queda erguido en medio de la habitación con los brazos cruzados, cuando su imagen se me aclara prodigiosamente. Es en este momento que veo al joven como si fuera de verdad. Coincidiendo con este extremo de lucidez me asalta la duda sobre las intenciones que con esta aparición podría proponerse el citado joven. ¿Seguirá caminando hacia mi cama — me pregunto —, o se quedará quieto? En este instante me invade una angustia espantosa, noto un peso en el corazón, un dolor insoportable y este dolor me hace decir un «¡Ay!» nervioso, agitado por un escalofrío en la espalda, mientras mi cuerpo tiende a incorporarse...

—¡Un momento! En el instante que se producen en usted los efectos dolorosos de la duda, ¿qué hace, qué acción despliega el joven de la barba? ¿Se mantiene plantado en medio de la habitación o avanza francamente?

—No sé... El dolor me diluye, me borra su corporeidad. La precisión de la imagen desaparece... Ya despierta, abro los ojos en la obscuridad, enciendo la luz, aparece la habitación... y veo que todo está igual. Todavía, durante un largo rato, la opresión sobre el pecho se mantiene viva; quedo con la boca seca, el corazón fatigado y como vaciado y una sensación de lasitud me invade todo el cuerpo como si me quedara sin sangre...

—¡Un momento todavía, por favor! A usted este

joven que en sueños se le aparece, ¿qué efecto le hace, en qué clase de consideración lo tiene? Sospecha que el individuo es un malvado, un traidor, una mala persona frente a la cual siente un miedo cerval o, por el contrario, comprende que la figura de la aparición es una reminiscencia, sintetizada en un individuo, de personas tratadas por usted años atrás? El retrato que usted me ha hecho del joven de la barba, ¿no coincidiría con el de algún hombre que usted trata o que trató algún día?

—No podría sinceramente contestarle. A veces me parece que se trata de un bandido. Soñar bandidos suele ser corriente desde que existe el cine. Cuando me imagino la figura bajo este aspecto se apodera de mí una agonía y un sufrimiento insoportable, pues imagino que de un momento a otro se abalanzará sobre mí y seré víctima de sus instintos criminales... Sin embargo, otras veces tengo la sospecha, viendo la tendencia del joven a no moverse del centro de la habitación, de si no será, como usted dice, alguna remota reminiscencia.

—Sí, quizás sea una reminiscencia flotando en la memoria... Una reminiscencia un poco indiscreta, claro está, pues no es muy corriente que los desconocidos entren en los dormitorios de las señoritas...

—Es evidente.

—Yo ya comprendo, señorita Remedios, que estas dudas le deben hacer sufrir horriblemente...

—¡No me hable! Eso de irse a la cama con la obsesión que en el momento de iniciar el sueño aparecerá en la habitación el joven de la barba y del cuello de pajarita, llega a convertirse en una insoportable idea. A veces pienso en la aparición durante todo el día... Es como un castigo.

—Es, en efecto, uno de los sueños más raros y singular que he oído contar en toda mi vida.

—¿Verdad que sí? —dijo sonriendo la señorita Remedios, satisfecha de saber que su sueño aun siendo doloroso, era excepcional. Y, seguidamente, añadió: —Para estas cosas tan desagradables, ¿no me podría dar algún remedio?

—¡Qué sé yo! Los veterinarios, ante estas cosas nos encontramos, ¿cómo se lo diré?... un poco desplazados.

—¡Hombre, claro está! Pero es que ahora no hablo con el veterinario, hablo con el amigo... —exclamó riendo.

—Ya, ya... Pues no sé. Si me encontrara en su caso, haría mucho ejercicio, caminaría, trabajaría, tomaría duchas de agua fría... y quizá me casaría. ¿Por qué no se casa, señorita Remedios?

—¿Dice que por qué no me caso?

—Sí, señorita. Me casaría con un joven fuerte y sano. Tengo entendido que la práctica del amor es un soporífero ideal contra los sueños extravagantes.

—Ducharme con agua fría... ¡con el frío que hace en Torrelles! —añadió, poniendo en movimiento los ojos con una imponente teatralidad.

Me levanté de la mecedora para despedirme. Traté al mismo tiempo de subrayar que dejaba la mecedora de mala gana. Nos dimos un apretón de manos luego de habernos ofrecido como vecinos, en todo y por todo, mutuamente, como es habitual.

Al salir consulté el reloj. Llevaba retraso para las visitas. Había ya pasado la hora de la inyección de sulfamidas para la perrita de la señora del fabricante. Me esperaba una vaca con mamitis en una masía lejana. Disponía de un tiempo muy escaso.

Mientras marchaba hacia la masía, pensé en lo absurdo de la escena y de la conversación que acababa de sostener con la señorita Remedios. Esta comarca tiene fama de estar habitada por una gente muy franca, abierta y simpática. Conocer a una persona y oír, cinco minutos después de haber establecido la primera relación social, la explicación de sus sueños, es verdaderamente singular. Es natural: la amistad que ambos tenemos con doña Pura ha salvado muchos obstáculos. En todo caso el hecho es rarísimo y en Barcelona sería imposible imaginarlo. Debe ser cierto que la gente de Torrelles y de sus alrededores son realmente tan francos como tradicionalmente se proclama. ¡Qué extraña conversación!

He recordado también, mientras caminaba, lo que suele decir Francisqueta de la señorita Remedios.

—Esta mujer — dice mi cocinera — vive sola. La casa en que vive es de su propiedad. Posee una pequeña renta — unas diez pesetas diarias — que provienen de un residuo de fortuna heredada. Es muy señora y bastante perezosa. Es tan perezosa que, para no entrar en la cocina, encender el fuego, hervirse un poco de arroz o freír un par de huevos fritos, come pan y naranja o pan con membrillo. Lo que tiene vale poca moneda, pero lo tiene todo tan abandonado... Podría sacar mucho más partido con un poco de actividad. Su ideal es ir de tertulia en tertulia, sentarse en la mecedora, fumando cigarrillos. A veces desde la calle, al pasar, se ve detrás de la cortina, sobre la mesita de centro, un cenicero lleno de puntas de cigarrillos enfriados, amarillentos, de una dejadez obsesionante...

Francisqueta hace una pausa y luego se encrespa. Levanta los brazos y la voz, y su rostro enrojece. Dice:

—Y lo peor, ¿comprende?, ¡lo peor es que una mujer que lleva esta vida pese cuarenta y cinco quilos escasos! ¡Cuarenta y cinco miserables quilos! ¡Jamás en la vida he visto cosa semejante!

XVIII

POR la noche, mientras ponía la mesa, le dije:

—¡Francisqueta!

—Sí, señor. ¡Diga!

—He estado hablando con la señorita Remedios...

—Debe querer decir con la señora Remedios. Por lo menos por este nombre se la conoce en la calle Estrecha.

—Pues podría muy bien ser que de ahora en adelante tuviéramos simplemente que tratarla de señorita...

—¡Vaya, ya me doy cuenta! Como buen veterinario que es usted, es igualito que el difunto marido de la señora Pura, el pobre Cándido, que Dios tenga en paz: demasiada sorna y malicia.

—Le decía que esta tarde he estado hablando con la señorita Remedios... — insinué con la máxima suavidad, no solamente para calmarla, sino sobre todo para evitar que se exaltase.

—¡Valiente...! ¡Y que Dios me perdone! ¿Y de qué hablaron, si puede saberse?

—Sí. Me ha explicado los sueños que la atormentan. ¿Quiere creer que es una mujer interesante?

—¿Interesante, dice? ¿Qué quiere decir interesante? No sabía yo nada de todo eso.

—La señorita es muy soñadora y por la noche, en su habitación, cuando duerme, se le aparece un señor muy bien apersonado, con un bigote y una barba rubia.

—¡Eh! ¡Eh!

Francisqueta trató de infundir a su interjección la mayor cantidad de cinismo, pero le resultó una cosa ingenua y familiar.

—Es tal como se lo digo — añadí.

—Si trabajara — se alteró la cocinera —, como trabajamos los pobres y tuviera las preocupaciones que yo tengo, dormiría como un tronco desde las diez de la noche hasta las siete de la mañana, que es la hora de levantarse de las personas que se estiman. Ella no quiere dormir como Dios manda; pero desde que la conozco, desde hace más de veinte años, no ha hecho nada, nada, nada, lo que se dice nada absolutamente...

—¡Vaya con calma, Francisqueta! La señorita Remedios es digna de lástima y compasión... Su vida no es envidiable.

—¡Claro! Siempre le he dicho lo mismo. Es una persona pobre como una rata. No tiene nada. Para tener algo en la vida se ha de trabajar, se ha de ahorrar, no se ha de estirar más el brazo que lo que da de sí la manga. Ella se pasa el rato fumando como un turco, leyendo libros y abanicándose con un paipai en la mecedora, durante todo el santo verano. Los rincones de su casa están llenos de telarañas, pero el humo le va saliendo por la nariz, ¿me comprende? Yo tengo más de ochocientos duros, ahorrados y colocados unos encima de otros, como los que usted gana yendo todos los días de cuadra en cuadra y saltando de gallinero en gallinero...

—Doña Pura me dijo que usted tenía más...

—Bien. Pongamos que sean novecientos y no hablemos más. Da lo mismo.

—Pero esta pobre señorita Remedios, ¿no le da lástima? ¡Es tan desgraciada!

—¡Y por qué me ha de dar lástima! ¿Porque sueña? Yo también sueño y me tengo que aguantar...

—Pero usted, Francisqueta, ¿ha soñado realmente alguna vez? ¿Y qué sueña? ¡Esta sí que es buena!...

—¿Qué quiere decir? ¿Es que hay algún inconveniente en que yo sueñe? ¿Es que una servidora no puede soñar? ¿Es que soy distinta a las demás personas?

—Quizá ha soñado que había sido transportada al tálamo nupcial...

—El tálamo sale en la procesión de Corpus y las varas del tálamo las llevan los de la lana, como decía aquel ciego que tocaba el violín, que se comió treinta onzas de buñuelos por Semana Santa del año de la nieve... Yo sueño, sí, señor, y ahora le diré, en pocas palabras, lo que sueño. Cuando servía en casa de don Cándido, que Dios tenga en su Gloria, soñaba que don Cándido y doña Pura me aumentaban la mensualidad en dos duros, y eso no únicamente porque me convenía, sino porque hubiera sido lo más natural. Créame: para soñar fantasías, vale más no soñar. Incluso existen personas que cuando sueñan tienen muchas tierras en La Habana y luego hacen el ridículo. Y lo más curioso es que aquellos dos duros que soñaba, a la larga me los dieron y de plata, ¿comprende? No se crea usted que fuera cosa fácil. Decidirse les costó más de medio año... y, yo, sueña que te sueña cada noche. Después, transcurridas dos o tres igualas, porque en aquella casa se contaba por igualas, volví otra vez a soñar que don Cándido y doña Pura me pagaban dos duros más... y así sucesivamente. Eso le demostrará que yo he soñado toda la vida. Ahora que sirvo en esta casa,

es cierto que sueño menos; pero si un día lo hago,
me figuro que usted me redondea la mensualidad con
dos o tres duros más, que desde luego me vendrían muy
bien. Sueño estas cosas y le juro por esta luz que nos
ilumina que no sueño nada más...

Francisqueta estaba de pie ante la mesa, sin moverse, encima de la estera de esparto del comedor, con
los brazos cruzados sobre el pecho, con su gran delantal
azul obscuro listado con rayas blancas sobre los cuatro
o cinco refajos y faldas que suele llevar siempre. Luego
llevaba, como una capita, un tejido de punto espeso de
lana negra. La luz le daba de lleno en el rostro. Sus
cabellos, ya algo blancos, tenían una calidad fina, lisa,
extremadamente delicada. Los llevaba peinados hacia
atrás anudando un moño a la antigua: un peinado que
al verlo me recordaba indefectiblemente a mi abuela y
me producía una sensación de seguridad familiar muy
viva.

Francisqueta es una mujer pequeña y redonda y su
cuerpo parece una estatuílla (de medida natural, claro) de Manolo en la época de Ceret. Su pecho tiene
las formas dulces de las cucurbitáceas; el volumen de
la falda cae acampanado; la cadera es redonda y cice-
roniana; la cara tiene una plenitud abierta y payesa
luminosa, humana. Ante la enorme cantidad de seres
humanos que tienden a no parecerlo, su cabeza sorprende porque no podría ser nada más que una cabeza
humana. Sobre la cara, de un rojo ladrillo, muy cocido,
se apunta una nariz pequeña; los ojos algo saltones,
grandes, vagamente anaranjados; la boca amplia, con
unos dientes menudos de una blancura intacta; la
mandíbula golosa, redonda, franca; el cuello, fuerte,
corto y ancho — sobre su rostro todas las formas tienen
una movilidad directa, coherente, normal. Todo lo

cual conjuntado la hace muy simpática — sobre todo cuando no se le dedica demasiada atención.

—Bien, ¿está dispuesto? — dijo, rompiendo la pausa que la explicación de sus sueños había creado.

—¿Dispuesto a qué? — dije, distraído.

En realidad, la explicación de sus sueños me había dejado anonadado.

—Usted dirá — ha replicado —; dispuesto a cenar...

—Claro...

Francisqueta ha dado media vuelta y con una sonrisa que de tan obvia me ha parecido equívoca y zumbona se ha dirigido hacia la cocina. Mientras oigo sus pasos en el pasillo obscuro me imagino — con escasas ilusiones — lo que esta mujer debe pensar de mí.

XIX

Este tiempo de comienzos de otoño, dulce y tranquilo, es de una humedad fina. He pasado la tarde paseando, visitando las masías. El trabajo profesional me gusta, excita mi curiosidad, pero no me atrevo a acercarme demasiado a los animales; las vacas y bueyes, los caballos y las yeguas, me dan un poco de miedo. Soy un veterinario más teórico que práctico; un veterinario desde lejos. La escuela me ha hecho así.

El viento de la tarde estaba tan cargado de humedad que su embate producía la misma sensación de escalofrío de cuando uno se friega la cara con un trapo mojado. He añorado la tibieza del pequeño departamento de la calle Estrecha.

Después de cenar me he sentado en la cómoda butaca del despacho. La sensación de fatiga es agradable.

Las zapatillas son una bendición de la industria textil. He apagado la luz. A través de los cristales del balcón veo caer la lluvia mansa y pequeña. A veces pasa por la calle un soplo de viento y la lluvia toma una dirección oblicua. La iluminación de la calle blanda y grasienta, de un color amarillo exhausto, rayada por las gotas de la lluvia, pone en los cristales un vaho espectral. Circula poca gente. El ruido de unos zuecos sobre el barro de los adoquines me produce una agradable sensación claustral, de plenitud vegetativa — una inexplicable sensación de seguridad. Las goteras de los tejados se destilan monótonamente sobre la acera — o crepitan sobre un paraguas. Me da pereza salir a la calle. La butaca es cómoda y me sumerge en un estado de ligereza soporífera — es como si el corazón fuese a dormirse en su propio ritmo acompasado. No deseo nada, no recuerdo nada, no pienso nada. Miro las casas de enfrente; ni en sus balcones ni en sus ventanas se rastrea alguna señal de vida. La calle es realmente estrecha; desde el balcón parece que se podrían tocar los hierros de la casa de enfrente. Pero quizá ello no sea del todo posible; todavía faltarían para llegar a ellos dos o tres metros... Sólo recuerdo — ahora al escribir estas cosas — que estando sentado en la butaca dejé de ver, de repente, la cortina de lluvia silenciosa encajonada en la calle, que todos los detalles de mi campo visual se confundieron en una grisácea vegetación... y después, al cabo de una hora quizá, la iluminación que apareció de repente en la ventana de enfrente me despertó con un violento sobresalto.

En la habitación de la ventana que acaba de iluminarse, vive, realquilado, un señor de mediana edad, soltero, callado, solitario, muy absorto y distanciado de todo: don Francisco Valls. Este señor está considerado como un hombre de costumbres monótonas, moderadas, de vida uniforme. Se le tiene por un empleado modelo, serio, escrupulosamente honrado. Desde hace muchos años el señor Valls lleva la contabilidad de diversas casas comerciales de la población. Su actividad es pausada, de una absoluta regularidad. Las personas que tienen tratos con él dicen que hace las cosas sin ningún esfuerzo, como si no realizara nada. La vida en Torrelles es muy gris, no tiene variación, ningún altibajo. Si en tal ambiente la gente afirma que la vida de don Francisco Valls se mantiene en un tono opaco, es que realmente la vida de este hombre es fabulosamente neutra e insignificante. En todo caso nadie lo vió nunca en el cine, ni en la iglesia, ni en el teatro, ni en cualquier café o taberna, ni en el Recreativo, ni en el fútbol, ni en tertulia o reunión pública o privada. Llega puntualmente a sus respectivas oficinas. Durante todo el año, después de cenar, haga el tiempo que haga, sale a la calle a dar una vueltecita. Mientras pasea, a veces, el señor Valls, se detiene un momento, mira al cielo un instante, baja después la cabeza y vuelve de nuevo a caminar. No parece en modo alguno agitarse por ninguna apetencia social, ni sentir la necesidad de manifestar, ante los demás, sus deseos, sus sentimientos o sus opiniones. Su conversación — por lo que he oído decir — está totalmente desprovista de interés. Cuando alguien le pregunta una cosa que no está directamente ligada con su actividad de despacho, reacciona dibujando primero una leve sonrisa de desconfianza, pone después una cara un tanto larga, acentúa seguidamente su semblante meditativo y al final contesta con una perogrullada. En realidad todo esto sucedía hace ya muchos años cuando la gente le interrogaba. Las respuestas debieron ser tan reiteradamente decepcionantes que ahora ya nadie le pregunta nada... Habla con una voz grave. Su gesticulación es escasa. Viste muy bien, de una manera confortable y limpia: sólidas ropas grises, zapatos *sport* cómodos y de larga duración, pero su modo de vestir no trae nunca ninguna sorpresa: siempre es igual. Es un hombre de estatura regular, calvo, más bien bajito, con unos hombros fuertes y cuadrados, y su rostro tiene un color sano. Sus manos son cortas y algo pesadas. Sus ojos redondos y notoriamente saltones, tienen un punto de estrabismo, apenas perceptible, que quizá se le acentúa cuando se pone las gafas. Es un hombre perfectamente honorable; pero, aparte de eso, no se sabe de su persona absolutamente nada. No se le conocen ni sus gustos ni su modo de pensar. Parece ser que no tiene familia, ni parientes lejanos, ni amigos. No tiene a nadie. Conoce a todo el mundo y todo el mundo lo conoce a él; de aquí no se puede ya pasar.

Durante los primeros meses de mi estancia en Torrelles, las costumbres del señor Valls me indujeron a creer que era un hombre frío y momificado. Su evidente incapacidad cordial me pareció algo inquietante. Después he sabido, sin embargo, que su trato — según opinión de la familia del relojero Massaguer, en la casa del cual vive, realquilado, el señor Valls — es normal, que no está afectado ni por caprichos ni por variaciones de humor, sino que, por el contrario, es constantemente bondadoso y amable.

·   Cuando desde la butaca del despacho empecé a ver claro, el señor Valls cerraba su habitación con llave. En verano duerme con el balcón abierto. Ahora deja abierta la ventana. La luz matinal no parece molestarlo. Se levanta a primera hora: siempre a las siete de la mañana. Los domingos no madruga. Siempre igual.

Cerrada ya la puerta, se ha quitado la gorra y el impermeable y ha colgado una cosa y otra con gran cuidado en el cuelgarropas de hierro pintado de negro de la pared. Luego ha colocado sucesivamente, sobre el mármol de la mesita de noche, un reloj, una cajita de pastillas de clorato de potasa, un paquete de cigarrillos, un librito de papel de fumar y una caja de cerillas. Después se ha despojado de la americana y el chaleco, que ha depositado en el respaldo de una silla. Pasando los brazos por debajo de los tirantes, éstos han caído sobre sus pantalones, aflojándose en dos curvas pomposas. En seguida se ha sentado sobre la cama para proceder a desabrocharse los zapatos. No le ha sido fácil: ha tenido que aflojar dos nudos muy compactos. Cuando al final los zapatos han podido ser movidos, los ha dejado caer, con una cara un poco avinagrada, sobre la alfombra del lado de la cama. La estera ha neutralizado el rudo golpe que habrían producido los zapatos al caer. Luego se ha sacado los calcetines, y entonces han aparecido los pies del señor Valls, muy blancos, de una palidez exangüe; pero esta impresión algo borrosa podría haber sido efecto del vaho que empañaba los cristales del balcón. De pie, otra vez, se ha desabrochado uno a uno los botones y corchetes del pantalón. Esto ha sido una operación lenta que el señor Valls ha llevado a cabo mirando el techo. Después, sentado en una silla, ha extraído sus piernas cortas de los tubos de los pantalones — los cuales han sido luego cuidadosamente doblados, buscando la raya y colocados sobre el «mundo» que hace pasillo con la cama. Todos estos movimientos los ha llevado a cabo de una manera inconsciente, mecánica y estoy seguro que si la habitación hubiera estado a obscuras lo habría hecho todo con una similar perfección. El señor Valls ha aparecido entonces con medio cuerpo embutido dentro de unos calzoncillos de punto, de color pálido, largos y la parte superior dentro de una camisa flotante. A través de la gasa de lluvia, su figura, en este momento, se me ha antojado de una grotesca comicidad; sin embargo, no he llegado a sonreír. Me ha invadido una especie de descorazonamiento: una oleada de humanidad. Ha deshecho el nudo de la corbata, ha desabrochado el cuello y los botones de la camisa y se la ha sacado haciéndola salir por la cabeza, los brazos hacia arriba, con la natural dificultad.

La camiseta del señor Valls ha resultado también ser de un color de plomo pálido. Después, rápidamente, se ha puesto un pijama rayado que ha encontrado debajo del edredón azul. El pijama le venía grande: le sobraba por todos lados, de brazos y piernas.

Ya vestido con el pijama, el señor Valls se ha acercado a la ventana, ha dado a su cuerpo una posición rígida y ha estirado verticalmente los brazos como si tratara de coger alguna cosa situada muy arriba. Como que este movimiento lo ha repetido muy cerca de la ventana abierta, ha tapado la luz de la parte baja de la ventana. Me ha parecido que mientras estiraba los brazos trataba de ponerse de puntillas, haciendo un esfuerzo tan acusado que todo su cuerpo ha parecido crisparse. Antes de meterse en la cama — pensé — el señor Valls hace un rato de gimnasia... No, no fué precisamente eso. Cuando su organismo ha conseguido este primer movimiento de tensión a la distensión y su cuerpo ha recuperado su estado normal, el señor Valls ha iniciado un bostezo considerable, grande, inmenso, ancho, largo... levantando la barba, cerrando los ojos — un bostezo de una insondable profundidad.

Después se ha metido en la cama y presionando la

pera de la electricidad ha evitado, con la obscuridad,
que yo viese nada más.

XX

La señora Riteta vive en los bajos del número doce
de la calle. Sospecho que es muy pobre. En el piso
de arriba de su casa vive la señora Elvira, con su sobrina Montserrat.

La señora Riteta es una persona que tiene más de
setenta años, gorda, de ojos azules, la piel de una calidad de color de cloro, con un cabello raro, blanco y
lacio. La escasa cantidad de cabellos deja entrever el
color de la piel de su cráneo acarminado — en ciertos
momentos de un color rosa pálido. Recuerdo que una
vez, en el museo provincial de una población del norte
de Francia — Reims, me parece — vi un pastel de La-
tour. Representaba la figura de un magistrado solemne con una opulenta casaca de amplias solapas de seda
azulada. El cráneo del personaje tenía un color rosa
vivo. De su cabeza le salían unos cabellos raros, blancos, largos, lisos, de un finísimo plateado. Entre el color
rosa de la piel y la ondulación de los cabellos quedaba
un espacio de aire que el pintor había resuelto de un
modo magistral. Cuando veo la señora Riteta pienso en
aquel gran retrato y la comparación quizá aumenta mi
penosa perplejidad. En el interior de su casa viste con
una bata amarillenta, de una calidad de toalla, con
unas manchas redondas que un día fueron de color lila
y hoy sería imposible explicar el color que tienen.
Cuando sale a la calle lleva un corsé como los que
se llevaban años atrás — el único corsé que funciona

todavía en Torrelles — y tal aparato sostiene con mucho trabajo la tendencia a la dilatación de sus generosas carnes. Su modo de andar es digno y acompasado.

En toda época la señora Riteta madruga mucho: entre dos luces. Al clarear, en la calle desierta, tocada por una claridad avinagrada, se percibe un ruido casi imperceptible: el chirrido de los goznes de una puerta cuando gira sobre sí misma. La señora Riteta aplica un momento su oído en la pequeña abertura de la puerta entornada. Si no oye pasos, ni voces, ni tránsito de ninguna clase, aparece entonces su cabeza — como una cabeza de tortuga — al exterior y si la mirada corrobora la primera impresión de soledad anunciada por el silencio, entonces se ve salir a la calle, con un aire tímido, inquieto, el cuerpo entero de la señora Riteta. Es bien cierto que a una edad determinada, la madrugada nos convierte en nuestro propio fantasma. Debajo de los ojos blancos y fatigados de la pobre mujer hay unas bolsas redondas y moradas. Su cabello desordenado parece aún más leve y muerto que a la luz del día. Sus viejas zapatillas tienen un aspecto de marcada fatiga. Aparece vestida con su bata, sujeta a la cintura por un cordón deshilachado, llevando, en la mano izquierda, la pala de la carbonera y en la derecha una lata de petróleo con una asa de alambre.

Ya en la acera, da primero una rápida ojeada al suelo y si la primera impresión ha sido optimista, sus movimientos se aceleran. La señora Riteta pretende simplemente recoger el estiércol que los animales han dejado sobre los adoquines — y pretende recogerlo sin que nadie la vea, porque sin duda considera que esta labor es estrictamente personal y que a los demás no les interesa en absoluto. La gente pobre es a menudo muy delicada. La señora Riteta realiza perfectamente esta labor: maneja la pala con magnífica destreza y con la mano derecha procura que cada paletada llegue bien llena a la lata. Mientras tanto su oído capta los más pequeños ruidos de la calle, para poder oír desde muy lejos cualquier presencia inoportuna. Si escucha que alguien se acerca, dice en voz muy baja: «Caray» y se retira precipitadamente a la puerta de su casa. Se queda un rato atisbando detrás de la puerta. Cuando el rumor de los pasos se ha desvanecido reaparece en la calle, y si todo está tranquilo, la recogida se lleva a cabo cuidadosamente; los adoquines quedan limpios en poco tiempo. Después regresa, con la lata y la pala a su casa con furtiva rapidez y se encierra dentro con llave.

La señora Riteta cuida un pequeño jardín con macetas. Un patio de cinco o seis metros cuadrados con el suelo enladrillado, cercado por una pared. Este patio es húmedo, pues el sol lo visita momentáneamente y aun de un modo mortecino, con una luz como gastada; así, pues, en las baldosas manchadas de verde, crece una pelusa pegajosa, resbaladiza. En las macetas florecen cumplidamente dalias y crisantemos. A primera hora de la mañana la señora Riteta recoge el estiércol para las flores de su jardín irrisorio.

A Francisqueta, mi cocinera, como le gusta en extremo hurgar en los puntos más sensibles de las personas de la calle, sorprendió una mañana a la señora Riteta cuando estaba entregada de lleno al trabajo de lata y de pala. Fué un encuentro muy desagradable. La pobre mujer trabajaba como poseída, con una avidez febril. «Durante el día parece estar muy gorda y tiene un hoyuelo en la barba — me dijo Francisqueta —. ¡Figúrese, pues, cómo trabajaba! No se le veía el hoyuelo y parecía que estaba más delgada...»

Cuando se vió frente a Francisqueta, la pobre mujer abrió la boca y la pala le cayó al suelo.

—Esto que recoge — le dijo riendo — es estiércol de caballo...

—¡Francisqueta, no seas así...! — suplicó con una voz trémula la pobre mujer, mirándola con un semblante de estupefacción con sus ojos blancos y hundidos —. Esto son abonos para mis dalias y mis crisantemos. Si lo tuviera que comprar me costaría mucho dinero...

Cuando llega el otoño el pequeño jardín es una preciosidad. Los crisantemos y las dalias son las flores naturales que más se parecen a las marchitas flores artificiales. Debe ser por este motivo que estas flores son las predilectas de los pintores de flores ficticias. El jardín parece entonces una exposición de cuadritos al óleo ejecutados por las alumnas más distinguidas de las Reverendas Madres Carmelitas. La señora Riteta vende sus flores. Para su negocio, el día mejor del año es el de la Conmemoración de los Fieles Difuntos. Antes de que llegue este día casi todas sus dalias y crisantemos van a parar a los floreros familiares que se llevan al cementerio y que se colocan al lado de la mariposa que arde (si no hace viento) en pleno día, flotando sobre dos dedos de aceite. Si en este día el tiempo es agradable la gente va paseando hasta el cementerio, y la señora Riteta vende rápidamente sus flores. El año pasado la tarde fué soleada y mórbida, otoñal; la pobre mujer vendió más de ochenta pesetas de crisantemos. Cuando el jardín quedó sin flores estuvo, o al menos así me lo pareció, mucho más alegre que cuando estaba lleno.

XXI

Sı fuese sensible a los encantos bucólicos, el ejercicio de mi profesión me sería positivamente más agradable. Tengo que ir de visita a las masías... Esto me obliga a grandes paseos por las afueras. Estos paseos me satisfacen. Me agradan más que la vida misma del pueblo. En determinados momentos, en Torrelles se siente una soledad sorprendente, de un tedio indescriptible. En el campo es más difícil aburrirse: todo es digno de ser contemplado, recorrido.

Torrelles tiene dos o tres agregados: pequeñas aglomeraciones rurales con iglesia, la rectoría y el cementerio. Simples parroquias de casas diseminadas, con una estructuración urbana torpe y caótica — a menudo graciosa — alrededor de la iglesia. Este amontonamiento dibuja, a veces, vagamente, una calle. En estas calles existe una atonía y un silencio que parecen surgir de las profundidades del tiempo. Se ve picotear a las gallinas y nos alcanzan los roncos mugidos de una vaca; discurre un rebaño que deja en el aire una tibieza persistente. En verano hay muchas moscas; en invierno, barro y estiércol. Si pasáis por estas calles os sentís vigilados. Detrás de vuestra espalda se entreabre una ventana ligeramente y unos ojos humanos, llenos de morbosa curiosidad, siguen los movimientos del forastero. Para tranquilizar a los indígenas os vienen ganas de andar de puntillas y de apagar el cigarrillo .

A veces me encuentro ante el cementerio y no puedo resistir la tentación de acercarme. A menudo en estos pueblos el cementerio está adosado al muro de la iglesia. Suelen estar cerrados los cementerios de nuestro país con una puerta de hierro y unos barrotes en la parte superior. A través de las rendijas de los barrotes herrumbrosos, carcomidos, se puede ver el interior. Todo tiene un aire de abandono y decrepitud definitiva. Las hierbas todo lo invaden — hierbas ufanas en la primavera, mustias y polvorientas en verano. Los cipreses suelen ser viejos y frondosos, ondulados, espigados, con una silueta elegante. El tiempo — la lluvia, los vientos — ha borrado las inscripciones de las tumbas.

Los ladrillos nuevos, la cal fresca, la cruda pompa de las recientes sepulturas, ofrecen, por contraste, una petulancia pueril, inocente, que aumenta de un modo asfixiante la desolada dejadez — el olvido — de las tumbas pretéritas. El cementerio está puramente dejado en las manos destructoras del tiempo. En un campo de cultivo es siempre posible encontrar compañía. En estos cementerios no hay nunca alma viviente: es un lugar aparte, desagradable, siniestro.

Estas parroquias son insignificantes y el número de entierros son muy escasos. En tales días se abre, con penas y fatigas, la puerta de hierro y el pequeño recinto se anima un poco con la presencia de la gente encorsetada en sus trajes de negro luto. El ruido producido por los goznes de la puerta al abrirse espanta a las lagartijas que huyen alocadas entre las hierbas; los gorriones, cobijados en el denso ramaje del ciprés, levantan el vuelo. Se ve un nido abandonado y seco debajo la teja de un nicho. La concurrencia adopta un aire distraído y ausente mientras el albañil, en mangas de camisa, tapa el agujero del nicho. Luego se dispersan silenciosamente deprimidos, envarados dentro de sus ropas negras. Y el foso se tapa otra vez, para una larga temporada, hasta que tiene lugar otro enterramiento.

Algunas veces he tratado de entrar, en días laborables, en uno u otro de estos cementerios del término. Nunca lo pude conseguir. No fué nunca posible encontrar la llave. En una ocasión, un payés de la parroquia, me dijo que la llave la tenía el alcalde pedáneo. En casa del alcalde no había nadie. Todos estaban trabajando en el campo. «¿Ve aquel hombre que labra allá, más allá...? — me dijo un chiquillo, señalando a un labrador situado a unos dos kilómetros de distancia —. «¿Sí? Pues es él.» La señora del alcalde había ido a recoger hierba para sus conejos a la entrada del pueblo. Me informó que nada sabía de la llave, que nunca la había tenido, etc. Me aconsejó que me dirigiera a un hombre que tenía a su cargo los asuntos más importantes de la parroquia: era cartero, enterrador, sacristán, campanero, vigilante nocturno y guardia diurno. Pero todos los esfuerzos que hice para localizarlo resultaron inútiles. Existían encontradas opiniones sobre el lugar dónde podría encontrarse la llave. Total: la llave del camposanto resultó perdida. Y es que en estos pueblos los cementerios tienen muy poca vida administrativa. Están considerados necesarios, indispensables pero no interesan absolutamente a nadie. Son cementerios abandonados, olvidados, muertos.

No encontrar la llave es lo más corriente. Pero todavía ocurre una cosa más extraña; cuando insinuáis a alguien la curiosidad de entrar en el cementerio, les veis una cara preocupada, como si se crisparan.

—¿Pero qué quiere ir a hacer al cementerio? — os preguntan frunciendo el ceño.

—Nada. Una simple curiosidad...

—¿Es que tiene allí algún familiar enterrado?

—No, señor, le confieso que no tengo a ningún familiar enterrado...

—¡Es extraño...! Pero, en fin... ¡qué le vamos a
hacer!...

En la vida de pueblo la existencia del cementerio es
raramente aludida, pero su peso es notorio. Está relacionado con el miedo más ancestral de la gente.

En estas pequeñas parroquias rurales, los campo-
santos son un elemento que forma parte de la vida
mental inerte de los payeses, pero no dan miedo. En
algunos de estos pueblos los cementerios están cobijados a la sombra de las paredes de la iglesia en el lugar
más céntrico del núcleo urbano. La gente vive a su
alrededor, toca sus muros con una familiaridad rutinaria e indiferente. Las muchachas cuelgan sus espejos en
la ventana y se peinan, en camisón, mirando — sin
verlos — los nichos y los cipreses.

En los pueblos algo más grandes — como Torrelles,
por ejemplo — producen un temor cerval, un pánico
invencible en la inmensa mayoría de los habitantes de
la población. He oído decir a algunas personas opti-
mistas que este pánico hoy día no es tan fuerte como
lo fué años atrás... No lo sé. Me parece que no sería
nada fácil encontrar a una persona capaz de ir a pa-
sear, por la noche, por el cementerio. Quizá hace treinta años fuera del todo imposible. En el Bar Montseny
he presenciado algunas apuestas entre amigos — generalmente personas jóvenes — sobre si alguien era capaz
de realizar la insólita valentía de ir por la noche al
cementerio. Verbalmente estas apuestas llegan a rema-
tarse y se piensan llevar a cabo en medio de las correspondientes presunciones; pero de hecho no he visto
nunca a nadie que las cumpliera. En el momento de
emprender la marcha la gente se desentiende, hace el
distraído. La irresolución es manifiesta.

En Torrelles hay personas mayores con mucha experiencia de la vida, normalísimas, que cuando tienen que pasar, aunque sea de día, cerca del cementerio se ponen a silbar o a cantar en voz más o menos alta — sin duda para desvanecer el pavor que sienten. Muchas de estas personas no se acercarían a las paredes de un camposanto de noche aunque las llevaran a rastras. La aversión que en el país sienten por el ciprés — que quizá es el árbol más elegante y bello de la botánica de nuestras comarcas — es debida, según creo, al hecho de ser un arbol ligado, por asociación de imágenes, en la memoria de las gentes, a los cementerios. La repulsión por el ciprés se encuentra unida al miedo que dan estos lugares, tan tranquilos y graves. Hay personas que creen que los muertos salen por la noche de la tumba y envueltos en una sábana blanca dan un paseo por la avenida de los cipreses.

Francisqueta me ha asegurado que años atrás existieron en Torrelles dos o tres vagabundos desharrapados, situados al margen de la vida del pueblo, que, encontrándose sin techo donde cobijarse y habiendo descubierto un nicho desocupado en el cementerio lo utilizaron para dormir todo el tiempo que les fué posible. Como que no tenían la llave del campo santo llegaron a su lecho subiendo por las paredes y saltando por las sepulturas. Luego entraban a gatas en el agujero y dormían como troncos porque solían ir — según es fiel tradición — muy cargados de vino. Uno de ellos tenía el ronquido fragoso y sostenido de manera que Francisqueta se ha preguntado cuantas veces me ha hablado sobre este hecho, qué es lo que hubiera sucedido si algún hipotético divagador nocturno hubiera oído los ronquidos del cementerio. Lo cierto es que nadie se dió cuenta del hecho, cosa natural, dado que por los alrededores del cementerio hay siempre el silencio más absoluto por no encontrarse jamás persona viva. Así es que aquellos bohemios vagabundos pudieron ocupar su lecho muchos meses y si al fin tuvieron que abandonarlo fué para dejar sitio a un muerto auténtico.

Francisqueta comenta estas cosas con horror, y diserta convencida sobre todo de que para no tener miedo de los cementerios ha de ser una persona situada fuera de la sociedad, de una vida harapienta, impresentable y desprovista del menor respeto.

He oído contar a personas ciertamente sensibles, a personas que concurren al Ateneo Recreativo — y esto me deja patidifuso —, que por la noche, en los cementerios, se ven flotar, a ras de tierra, unas lucecitas vagas e irreales, pequeñas llamas de luz fría que van de un lado para otro como si las empujara el soplo muerto de viento. Ya sé que sería absurdo comparar el tono de conversación de una sociedad que tiene como principal objeto proporcionar a sus socios una manera más o menos cómoda de jugar al «canario» o al tresillo con el de una academia científica. Pero pensando en esta frase que acabo de escribir tengo mis dudas sobre la autenticidad del contraste que quiere fijar. Este contraste, ¿está tan acusado como el que señala la frase? No lo sé. No lo veo muy claro. En este país la ciencia sólo es aceptada plenamente cuando produce dinero. En el resto de los casos se utiliza para explicar las cosas, como si fuese una magia muy grosera. A causa de mi profesión he de pasar de noche y de día por las cercanías del cementerio. Tengo que ir a visitar a las masías... Nunca he visto ningún fantasma, ni llamas errantes, ni lucecitas violáceas, ni fosforescencias de ninguna especie. No he visto nunca nada que valiera la pena de ser observado, que produjera la menor sorpresa. La única cosa que impresiona, a mi modo de entender, de los cementerios es su completa indiferencia — la misma indiferencia que produce la geología.

Sin embargo, siempre que he querido decir estas cosas ante la gente, estas observaciones nacidas de la más verídica experiencia, he notado que producían un cierto malestar, una desagradable sorpresa. He considerado conveniente no hablar más de ello. En los pueblos se produce este contraste singular, extraño: las personas vivas no dan miedo, a pesar de la enorme cantidad de peligros que objetivamente ofrecen; en cambio, los muertos del cementerio ponen literalmente los pelos de punta, inspiran un miedo cerval. Es curiosísimo.

Diréis que todo es pueril, insignificante. No lo creo. Creo, por el contrario, que ayuda a comprender la manera de ser de las personas con las cuales se juega uno el dinero, y, por tanto, la propia manera de ser. Siempre hay peligro de caer en las vanidades más infantiles por optimismo.

XXII

CASI me da vergüenza confesarlo, pero es un hecho; durante el transcurso de una de las primeras conversaciones que sostuve — para orientarme — con doña Pura, le pregunté qué café, qué sociedad o qué círculo me convenía frecuentar en Torrelles. La señora viuda de mi antecesor me contestó, sin dudar un momento, que la sociedad que me convenía categóricamente era el Ateneo Recreativo.

Mi tío Eduardo, que fué durante muchos años veterinario en un pueblo antes de ejercer la carrera en

Gerona, no habría aprobado mi pregunta. Mi tío Eduardo era de otra época. Conocía y estimaba todas las delicias de la vida de pueblo, pero siempre fué con mucho cuidado para no mezclarse en su ambiente. Me solía decir — lo recuerdo perfectamente — que lo peor de los pueblos no era la pequeñez de las cosas ni el tedio crepuscular, un poco sonámbulo, que flota en el ambiente. Al contrario, cuando se pretende hacer algo en la vida — decía —, cuando se vive totalmente obsesionado por algo concreto; el aire plácido, a menudo enervado, de los pueblos, la fácil manipulación de las cosas pequeñas, la imposibilidad de evadirse y de dispersarse, ayudan a crear un terreno propicio para realizar la misión (ilusionaria o real) que se pretende llevar a cabo en la vida.

(Mi tío fué un hombre un poco aficionado a la voluta verbal y al párrafo rotundo. El hecho de haber tenido una voz sorda y opaca y de escasa vibración hizo que este ligero defecto se le notara muy poco.)

«Lo que ocurre — añadía — es que los hombres capaces de vivir encerrados en una preocupación clara y persistente, tenaz y activa, pasan muy alto. Para llegar a ser un hombre así es necesario tener una vocación frontal y una inmensa fuerza. Si todo ello no se posee el ambiente de los pueblos disgrega y corrompe...»

Mi tío Eduardo estaba obsesionado por estas cosas. Aprovechaba todas las ocasiones para hablarme de su experiencia. Sabía que un día u otro yo había de llevar la misma vida. Me decía:

«Si algún día la carrera, las necesidades o lo que sea te llevan a vivir a un pueblo, no te mezcles nunca con el ambiente de campanario, deprimente y bajo de techo, desprovisto de generosidad, poblado de maniáticos, indiferente e insensible. No vayas al café. No juegues a cartas. No frecuentes tertulias estúpidas alimentadas con chismorreos pornográficos e insignificantes anécdotas políticas. Si. lo haces quedarás asfixiado por el ambiente. Todo lo verás a través de esta atmósfera en una escala infinitamente pequeña. El ambiente pueblerino satisface porque es cómodo, fácil, asequible, porque todo se halla al alcance de la mano. Pero la misma insignificancia de las cosas las convierte en un soporífero. Uno termina confundiendo Napoleón con la cabeza de los vigilantes nocturnos y a míster Churchill con el oficial de secretaría. Cuando a través de esta inmersión en el ambiente queda uno intoxicado de tonterías, cuando la conciencia de la propia pequeñez infla desmesuradamente el fermento de la envidia, te sientes como vaciado por dentro; las ilusiones se desvanecen, la voluntad se agota, los ideales — mi tío Eduardo pertenecía a la época de los ideales — pasan a tener la consideración de simples ridiculeces. Se pierde el sentido del humor y el de la paciencia. Se llega a ser un gigante del resopón, un atleta del tresillo o del siete y medio, un *recordman* de horas de prostíbulo...»

Añadía, después de una lenta, retórica pausa:

»Pero no tienes que caer, para evitar este daño, en el mal contrario. En los pueblos hay que evitar la soledad y el tedio — la angustia del tedio. Conviene eludir el narcisismo al que tantas veces se llega por soledad. En los pueblos es posible encontrar personas finísimas, inteligentes, que dominan perfectamente alguna actividad determinada, preocupados por alguna adorable manía específica... y que han perdido la vida por delicadeza. La vida está llena de pequeñas cosas fascinadoras, apasionantes, vivas. No existe ningún ser humano que esté totalmente desprovisto de interés. El

teatro del mundo es tan vasto y diverso, tan matizado y
sorprendente, que sacar la cabeza cada día un rato por
la ventana ocasiona una inagotable diversión. Para vivir con provecho en los pueblos se ha de mantener
el corazón en un estado de ternura, evitar el reseca-
miento, cultivar la receptividad viva y el interés por la
profunda humanidad que nos rodea. Todo esto aparte
de que la persona que en esta época prodigiosa que vivimos se aburre es seguro que es un imbécil...»

Recuerdo que mi tío Eduardo pronunciaba esta última frase en un tono distinto — en un tono más opaco
del que habitualmente tenía su voz. Cuando formulaba
la palabra «imbécil» su rostro enrojecía ligeramente.
Supuse que quizás no estaba totalmente seguro de lo
que decía en aquel punto concreto.

Ahora diré que yo respeto la memoria de tío Eduardo y que conservo un gran recuerdo de su esbelta presencia en la vida. He de confesar que a su lado yo me
siento infinitamente más frágil. ¡Además, los tiempos
han cambiado tanto! La vida de mi tío se deslizó suave,
pasablemente próspera — nada del otro jueves —, pero
liviana, como un sueño sin accidentes. En su tiempo la
sociedad estaba todavía muy cristalizada, la gente tenía ideales, la seguridad era completa, se sabía, a cada
momento, lo que era necesario hacer. Para su formación mental y sentimental, la vida lo llevó a poner el
acento en los detalles, en los matices, en las cosas sabrosas y pequeñas. La felicidad humana, la buena y so-
segada vida, depende generalmente de la posesión de
una inteligencia empírica. Nosotros, en cambio, nar-
cotizados por ideas generales, ideas que no comprende-
mos y que por lo tanto nos cubren de tedio y tristeza,
nos debatimos en un absoluto vacío mental — con la
cabeza llena, como máximo, de humo, de niebla y den-

sas sombras. No sabemos nada concreto, ni nos interesa
saberlo. No podemos abrir la boca sin emitir una gra-
tuita pedantería. Navegamos a la deriva y al hilo de la
corriente. Por la mañana, al levantarnos, sentimos una
sensación de infinita fatiga.

A la salida de misa de once, doña Pura, tuvo la
amabilidad de presentarme a mosén Raimundo Gratacós, vicario de Torrelles, que me acogió bondadosamen-
te. Cuando la señora le comunicó mi intención de frecuentar el Ateneo Recreativo, mosén Gratacós dió a
entender con un gesto que mi decisión era perfectamente presumible. Añadió que durante la semana próxima estaría en la casa rectoral de semana, pero que a
partir del lunes de la otra se ponía a mi completa disposición en el Ateneo Recreativo.

Después de despedirse, doña Pura me hizo notar que
mosén Gratacós, a pesar de tener las cejas tan pobladas
y feroces y un aspecto de hombre osado y oscuro, era
simpatiquísimo y gran aficionado a la música, exactamente a la melodía. Tocaba el piano admirablemente
y era el organizador constante y activo de todas las
veladas, de todos los espectáculos y de todas las fun-
ciones teatrales que se celebraban en Torrelles. Gozaba
del respeto y de la admiración unánime de los torre-
llenses. La señora habló con gran elogio de uno de los
últimos espectáculos organizados en el Ateneo, en el
que actuó el Caballero Pérez, considerable prestidigi-
tador, hijo de Ripoll, los juegos de manos del cual en-
tusiasmaron por su calidad y elegancia a una numero-
sísima concurrencia. Añadió la señora que su difunto
don Cándido fué entrañable amigo de mosén Gratacós,
por la pasión que sentían por la música, pasión que
fué igualmente intensa aunque divergente, porque si
don Cándido fué esencialmente un sinfónico, el reve-

rendo es, en cambio, un entusiasta de la dulce melodía.

El salón del café — lo que en Torrelles se llama «el salón de tomar» — del Ateneo Recreativo es un enorme local, cúbico, desmantelado, con unas enormes vigas de hierro que sostienen el techo elevadísimo, que tanto podría servir para depósito de superfosfatos de la Sociedad Anónima Cros, como de almacén de una harinera. Encima de la sábana desnuda de la pared última, delante de una gran panoplia con anaqueles en las cuales pueden verse las botellas de licores y de bebidas de actual destilación, hay una gran tabla cubierta por un mármol, sobre el cual emerge un filtro o máquina para elaborar café «exprés». Detrás del mármol, habitualmente, suele estar la señora del conserje, persona rubia, gordezuela y juguetona, de carnosidad propicia al mariposeo, cuyas formas vistas dentro del pálido tono acarminado que envuelve como un hálito, a su persona, parecen una escritura de letra redondilla, sobre un papel color rosa. El suelo del local, de un color plomizo, cimentado con *portland,* está en gran parte ocupado por mesas de mármol colocadas en filas paralelas. Los domingos, después de comer, estas mesas se llenan de un público moderado y satisfecho: payeses, tenderos, pequeños propietarios, profesionales de una y otra materia, aparte de las personas que en uno u otro grado de jerarquía sirven la pequeña curia de Torrelles. En estas horas de la tarde, las paredes desnudas del establecimiento llegan a ser invisibles, porque el humo del tabaco que quema más o menos fácilmente la concurrencia — tabaco negro del país — las diluye en una brumosa vaguedad.

Uno de los rincones del gran local está ocupado por un billar anacrónico, de pata corta y caja maciza. Cuando la luz de la pantalla verde cae encima del trapo des-

teñido, impregnado de yeso, aparece un color de agua
algo podrida y vegetal, como cubierta de un cultivo de
hierbas. Las bandas del artefacto se han resecado y las
bolas, al chocar allí producen un ruido sepulcral, de
cosa vacía y tenebrosa.

Los días laborables el Recreativo se contrae. Ponen
unos biombos en el rincón más cercano al mostrador y
dentro quedan tres o cuatro mesas de «canario» o julepe
y de tresillo, además de una estufa que impregna la atmósfera — por la destilación de la leña verde — de un
olor acre y residual, de química casera y brusca. El rincón tiene un minúsculo apéndice, al que se llega, subiendo un peldaño, por una pequeña puerta. Este pequeño local, en el cual hay una mesa y dos sillas, parece, visto desde fuera, un pequeño gallinero y es la secretaría del Ateneo.

Cuando llegué a la tertulia era ya un poco tarde y
sus ocupantes flotaban en las tristes luces de una de
esas tardes de invierno macilentas y ahogadas — y que
en esta clase de locales parecen todavía más crudas y
agrias. Mosén Gratacós, con su habitual bondad, me
presentó a sus amigos. Si mal no recuerdo, estaba allí el
juez Viñas, uno de estos hombres que están chupados
de cara y tienen un vientre voluminoso, un señor de
media edad, de frente estrecha y nariz vertical a la tierra, en forma de obelisco; el doctor Roig, de rostro pálido y cabello gris, con el bigote quemado por el tabaco
y la mancha de los calcetines de lana blanca sobre sus
botines; el abogado Pairet, joven elegante y apuesto,
con un bigotillo de calavera local, los cabellos engoma-
dos y un anillo de diamantes muy visible; el propietario Cotoliu, magro y erguido, con un bocado de Adán
voluminoso, la dentadura devastada y el vientre hun-
dido; el agrimensor Martorell, obeso, tocado con un

pequeño sombrero inclinado hacia atrás, de lentos movimientos y unos ojillos azules, horizontales como la ranura de una hucha, sobre una piel grasa, carnosa y rosada. El señor vicario tuvo un interés especial en subrayar que aquella tarde faltaba a la tertulia, por tener la gripe, el boticario Pistó. Este facultativo, del cual me habló de un modo ligero doña Pura está considerado en la tertulia como un hombre extravagante y pintoresco.

En estos pueblos como Torrelles que como tantos otros pueblos del país son una mezcla de vida tradicional formada por la mentalidad de los propietarios, los payeses, la iglesia y, en general, las autoridades, y de vida moderna, representada por los fabricantes de género de punto y los obreros, la vida social es totalmente inexistente. Los fabricantes forman un grupo cada día más reacio a las exhibiciones públicas y a hacer acto de presencia. Constituye un grupo de matrimonios que vive totalmente aparte, pensando exclusivamente en la vida de Barcelona que apenas tiene relación con la vida de la población; que actúa totalmente al margen, un poco en secreto, objetivamente hablando. El grupo tradicional siente un profundo menosprecio por el núcleo que llaman de los nuevos ricos, y al cual se atribuyen todas las calamidades del país; a pesar de esta despectiva consideración, si alguno de sus elementos puede vincularse, por matrimonio o por otra razón cualquiera, con el grupo odiado de los fabricantes, se produce como un aleteo de triunfo y de ansia a duras penas disimulado. Los obreros, llevan una vida aparte completamente insolidaria.

Los tenderos, el pequeño comercio en todos sus aspectos, más bien se inclinan al lado del grupo de la vida moderna. Son éstos quienes más gastan, los que dan vida a la población, quienes hacen las cosas sin regatear, los partidarios de que la gente consuma su dinero.

Por mi profesión me encuentro mucho más ligado al grupo tradicional que al moderno. En el primero están mis clientes. El otro grupo habría sido para mí completamente inasequible, inabordable, si algunos de sus componentes no me hubieran llamado para recetar a sus perros cuando tienen el moquillo, las sulfamidas adecuadas. Yo estoy ligado con las vacas y los rebaños, con los caballos y las yeguas.

De todas maneras debo decir que por los superficialísimos contactos que he tenido con el grupo moderno me parece haber comprendido que este grupo vive infinitamente mejor que los tradicionales; que es, hablando en general, mucho más tratable, que sus ideas son más tolerantes y que la envidia, que es la enfermedad de la gente del país, a pesar de manifestarse de una manera muy acusada, no llega nunca a las proporciones a que llega en el grupo tradicional. Y por otra parte es un grupo menos supersticioso, más abierto, más generoso, menos dado a las pequeñas peleas generalmente de origen verbal. Añadiré, por lo que hace referencia a mi profesión, que un veterinario en un pueblo no tiene ninguna clase de consideración social, no cuenta para nada absolutamente, no es nada por decirlo así.

Cuando llegué a la tertulia, la reunión se encontraba en su penúltima fase.

En la primera, que es anterior a la llegada del señor vicario, se habla generalmente de mujeres. Chismorreo acentuadamente pornográfico. En el curso de la segunda, se comenta la actualidad general o local, con referencias finales generalmente copiosas al fisco y a la tributación. En esta etapa se manifiestan dos clases de mentalidades: los que repiten lo que han leído en el periódico a la hora de comer y los que tienen una opinión personal. Los primeros están destinados a repetir toda la vida, pase lo que pase, lo que leen en los periódicos; los segundos se ven obligados a tener indefectiblemente, sin posible desviación, una opinión personal. Bien mirado tan triste es una necesidad como la otra.

Luego llega el tercer momento que se llena hablando mal de la población. Cuando en un lugar u otro del país se reúnen unas cuantas personas, llega un momento en que empiezan a decir pestes del lugar donde se encuentran. Es ineluctable. Estas excelentes personas del Ateneo consideran que Torrelles es un simple aduar que tiende a industrializarse. Este aduar conservaría un poco de gracia si no fuera por la lepra de las fábricas. Esta infección — afirman — ha trasladado a las nubes el precio de los alimentos, de las habitaciones, de las comunicaciones; proyecta sobre la vida del país una vibración de inquietud y de inseguridad. Como consecuencia de la actual situación, los habitantes de la población son de una infinita pequeñez, de una mediocridad definitiva.

—¡No hay hombres! — dice para resumir uno de los asistentes.

—El carácter ha terminado. ¡No hay caracteres! — añade otro.

—¡No hay ninguna clase de ambiente! — remata otro.

Este problema de la falta de ambiente es muy curioso y se han hecho sobre él muchos comentarios. Según dice el doctor Roig, no hay en el pueblo ambiente de pureza médica y los enfermos de la población son especialmente siniestros. Según el abogado Pairet, la

falta de ambiente jurídico es incontrastable y notoriamente asfixiante. El propietario Cotoliu sostiene que
el ambiente patrimonial está por los suelos. Según el
agrimensor Martorell, el abandono catastral es notorio
y la justeza de las medidas incierta y vaga. Mosén Gratacós se duele vivamente de la falta de ambiente reli-
gioso, espiritual y musical. Sin duda el boticario Pistó,
si hubiera estado presente, habría recalcado que el pueblo no está en la órbita de una aceptable concepción
de la farmacopea. Para demostrar que ellos creen ser
la verdad, estas excelentes personas disponen de una
copiosa cantidad de anécdotas y ocurrencias porque
me ha parecido comprender que todos ellos son muy
aficionados al cotilleo. Aquella tarde, y sin duda en
mi honor, fueron epilogadas una cantidad de historias
de esta clase.

—Y a usted, veterinario —dijo de repente el señor
Cotoliu, poniendo en movimiento el mecanismo de su
prominente nuez del cuello—, ¿cómo se le ha ocurrido
venir a parar a este rincón de mundo?

—¿Qué quiere usted decir? En un sitio u otro se ha
de trabajar... —le he dicho con un aire resignado.

—No lo sé... Sospecho que ha caído en un mal
pozo...

—¿Quiere decir? No olvide que en esta comarca
hay muchos animales.

—¡Bien contestado! —ha saltado el juez Viñas,
contundente, excitado por mi ingenuidad.

Los otros han dibujado una casi imperceptible sonrisa de cumplido. La frase, debido a su misma esponta-
neidad, ha resultado una perfecta estupidez.

—¿Y qué, qué nos dice del pueblo, señor veterinario? —ha preguntado, después, el doctor Roig—. ¿Cómo se defiende con los payeses del país?

—Muy bien, por ahora. Mucho trabajo... Nunca hubiera creído, en tan poco tiempo, tener tanto. Los poyeses son muy buena gente...

—¡Bien, bien, no se precipite, no se precipite, señor veterinario ¡Deje pasar un tiempo determinado y ya me dará nuevas noticias...! —ha dicho el doctor, con una sonrisa fría algo mezquina, que ha merecido no sólo la aprobación de los asistentes, sino la aparición en sus rostros de sonrisas parecidas.

—Bien, ¿y si armásemos una partida...? —sugirió el abogado Pairet.

—Por mí, ¡a las tres! —respondió Martorell levantándose con la ayuda de sus brazos, de las dos sillas ocupadas por su imponente humanidad.

Pairet aplaudió.

La señora del mostrador trajo un paño verde, las cartas, unas fichas de todos colores y unos «carajillos», mientras los componentes de la tertulia se trasladaban, haciendo el ruido habitual de sillas, a la mesa más próxima a la estufa. Comprendí en aquel momento que me encontraba ante una reunión de hondísimas raíces, al comprobar que todos se dirigían directamente a la propia silla, ocupada desde hacía ya tantos años. Cuando estuvieron cómodamente aposentados, se manifestó en sus rostros la consiguiente satisfacción.

—¿Usted juega al «canario»? —me preguntó con una sonrisa amable el doctor Roig mientras tomaba asiento al mismo tiempo que se levantaba ligeramente la americana.

—Muy poco, francamente...

—Pues siéntese aquí, fíjese bien y sea un buen mirón. Y ya lo sabe: los mirones, de mármol...

En aquel momento entró un hombre viejo, pálido, enteco, vestido de negro, con un ojo más redondo que el otro. Fuí presentado. Era Ramonet, el campanero, que como cada tarde iba a oficiar de mirón de la mesa del «canario». Tomé asiento, detrás de los jugadores, entre el recién llegado y el juez Viñas, que aquella tarde tenía trabajo y no se decidía a jugar.

Pairet barajó las cartas con sus delicadas y blancas manos. Fué una deslumbrante exhibición de su anillo de pequeños diamantes. Después, encendió uno de esos cigarros llamados trompetas que se inició humeante e impotable. Mientras Pairet repartía las cartas, los jugadores se pasaban la lengua por los labios. La trompeta no tiraba, humeaba torvamente, con un olor repelente.

—¡Usted fumará bien, Pairet, tenga paciencia! ¡Eso es una breva...! — dijo Cotoliu haciendo un gesto con el codo a Martorell.

—¡Por ahora no se puede decir nada...! ¡No se precipite! —respondió el abogado con la serenidad un poco descompuesta.

Ramonet, el campanero, seguía sin decir esta boca es mía, con una intensa curiosidad, el movimiento de las jugadas. Colgaba una punta de cigarrillo, amarillenta y mojada, pegada al labio inferior. Al rematar la última baza, Ramonet dirigía la cara hacia mi lado y siempre dentro del más absoluto mutismo me guiñaba el ojo (su ojo más grande) de una manera intensa y dramática. Todas las jugadas que presencié fueron objeto, por su parte, de este único comentario. Me pareció comprender que ningún guiño de los que me dirigió fué igual. Todos estuvieron matizados por las incidencias del juego, por la agudeza de los jugadores, por las habilidades más o menos apreciables. Confieso que aquel hombre, que se manifestaba exclusivamente guiñando el ojo, me pareció un tipo fenomenal.

Contemplamos así una docena de jugadas. Cotoliu fué hecho «canario» repetidamente. Al puntear las cartas, el émbolo de su nuez se agita en unos movimientos extraños. Luego supe que estos movimientos eran espiados por sus compañeros de mesa y que por ellos podían deducir la calidad de las cartas que tenía en la mano. Eso le daba una enorme desventaja.

El juez Viñas, levantándose para salir, me dijo entonces:

—¿Usted se queda?

—Imposible, y crea que lo siento. La tertulia es muy agradable...

Me despedí de aquellas excelentes personas y salimos a la calle. La tarde era lívida, casi morada, cruda. La calle estaba solitaria. Viñas emprendió el camino de su casa embozado hasta las orejas con una bufanda negra y un abrigo claro. Al separarnos, el juez me señaló con un gesto el edificio del Ateneo Recreativo y me dijo lo que se suele decir siempre cuando se dejan unos amigos:

—Ya lo ha visto... Son unos memos acabados...

Probablemente me adherí a la opinión del señor Viñas, encogiéndome de hombros como se acostumbra a hacer en semejantes circunstancias. Obré mal, ligeramente, pero en la vida ¡se cometen tantas ligerezas! ¡Uno se adhiere pasivamente, inconscientemente, a tantas cosas inconfesables!

Debido a mi trabajo, pasé algunos días sin volver al Ateneo Recreativo. Durante este tiempo pensé diversas veces en la opinión que de mí debían haber formado aquellos señores de la tertulia. «¿Por quién te habrán tomado?», me preguntaba. «¿Por un idiota?» «¿Por una persona discreta?». Siempre lo mismo: la indefectible presunción, ¡la petulancia!

Por la calle Estrecha pasan, en el camino de la iglesia al cementerio, los entierros de Torrelles. El cementerio está situado en la parte norte de la población. Es un viejo cementerio soleado, con cipreses altos y delgados. Cuando llega el tiempo de las ortigas en flor hay muchas abejas. Pero todo lo cual en este momento no viene al caso. Así, pues, por mi calle es muy corriente cruzarse con un entierro. Y hoy, esta tarde, me he cruzado casualmente con uno. En estos casos el único recurso es arrimarse al vacío de una puerta y dejarlo pasar. Así lo he hecho, con la gorra en la mano. Primero ha pasado el monaguillo llevando la Cruz y después mosén Gratacós con el roquete, estola, breviario y solideo — oscuro, grave, huesudo. Detrás de él caminaba Ramonet, el campanero, vestido de negro, delgado y pálido. Al pasar, Ramonet me ha descubierto en el marco de la puerta y me ha parecido — pero eso quizá sólo haya sido una ilusión personal producida por la obsesión de la tarde del Ateneo —, me ha parecido que con su ojo sano me guiñaba el ojo de una manera insistente y dramática. Luego ha pasado el caballo tirando del coche mortuorio y detrás de él seis o siete payeses tiesos e incómodos, enfundados en su vieja ropa de boda. He pensado con terror que estoy destinado siempre más a que Ramonet me guiñe el ojo donde sea que me encuentre, en virtud de una fuerza fatal e inevitable.

XXIII

Tres o cuatro puertas más lejos de la mía vive Roseta, que atiende su pequeña mercería. Esta mercería tiene un diminuto mostrador, estrecho y alto, de madera blanca, sin pretensión alguna en el cual se pueden ver sobre unas pequeñas estanterías superpuestas, carretes de hilo, cofias para criaturas, ligas de color lila, bolas de lana para tejer, agujas y botones, medias de algodón, corchetes y toda aquella infinidad de cosas que tienen las mercerías populares — cosas vulgares, necesarias, de una presencia viva.

En invierno, cuando en la calle hay una luz apagada y triste, me detengo a menudo frente al escaparate de la mercería. Este establecimiento produciría, sin duda, mucho más efecto si en su escaparate hubiera un cristal rutilante y frío. Está separado de la calle por un cristal basto que hace unas aguas azuladas y verdes, que deforma un poco — según el lugar donde uno se coloca — las cosas del interior. Las ligas, tan pasadas de moda, tan anacrónicas, toman a veces un relieve de una enternecedora y sana vulgaridad. Las deformaciones que arbitra la luz al pasar por el cristal tienden a menudo a informarlas concretamente.

Hay unas ligas que son de color cereza con un hilillo violáceo alrededor de la parte superior que uno se imagina picantes sobre unas medias de color carne. ¡Nada! ¡Pensar que dentro de unos años todo eso formará parte de mi colección de ridiculeces!

Roseta es una muchacha rubia, flaca y raquítica, de unos veinte años, muy simpática, con una pequeña

joroba insinuada, invisible, pero que se sugiere extra-
ñamente, lo cual produce la primera vez que se la ve
una inexplicable congoja. Después uno se acostumbra
y la forma de su espalda parece naturalísima. De todo
lo que constituye nuestro sistema vital, la sensibilidad
es lo que se convierte más rápidamente a través de la
costumbre en una percepción tosca y grosera. La piel
de su rostro es de un color de cloro evaporado, enfermo y blanco, sobre el cual el dibujo de sus facciones —
de las cejas, de la boca, de la nariz — parece una minia-
tura; sus ojos son negros y frágiles, muy húmedos. Bajo
este rostro de chiquilla lleva siempre embutidos uno o
dos jerseis, uno de ellos de color de ciruela. Debajo de
esta ropa, los huesecitos de su cuerpo, muy acusados,
con articulaciones exquisitas, tienen una delicadeza casi
dramática, cuando uno se fija en ella. Su esternón sa-
liente, en quilla, tiene forma de pechuga de gallina.
Sus piernas son algo torcidas y delgadas como dos cañas
redondas y frías.

La mercería está muy oscura. Muchos días la luz
del velador, bajo la mampara verde, ya está encendida
a media tarde. Bajo la luz, con sus largas agujas — una
encarnada, otra verde —, Roseta se dedica todo el
santo día a tejer «suéters». Rara vez se ve nadie más
en la tienda. Roseta pasa horas y horas haciendo un
ruido mecánico con las agujas y deslizando en ellas sus
madejas de hilos de colores. Algunas veces se ve a un
viajante gesticulando persuasivamente ante un mues-
trario abierto sobre dos sillas. Roseta levanta a veces
la cabeza, y se queda un momento mirando al viajante
sin dejar de mover sus largas agujas. Los días de lluvia,
en invierno, da la impresión de que se ha dormido con
su propio movimiento de insecto.

Un día que pasaba por la calle, me sorprendió muchísimo contemplar el espectáculo de ver entrar un borriquito negro y lustroso por la puerta de la mercería. Durante un instante, vi la silueta del animal frente al mostrador. Cuando, por la ilusión visual, sus orejas resbalaban sobre las cofias para criaturas y las ligas femeninas, sentí un escalofrío. No es algo corriente ver entrar a un asno en una mercería. Así, pues, no ha de extrañar si digo que la primera vez que lo vi, hice, desde lejos, un gesto de impulso inconsciente para detener al animal. El espectáculo me pareció tan singular, que siempre más lo recordaré, y todavía hoy, a pesar de haber presenciado tantas veces su repetición, no se me ha disipado todavía la extrañeza.

El gracioso y paciente borriquillo es propiedad del padre de Roseta. Este buen hombre cultiva un olivar y una viña; es un payés que nunca ha cambiado de profesión a pesar de tener su hija una mercería. Cierra al animal en el patio interior de la casa y no teniendo este patio otra puerta de acceso que la de la calle Estrecha, por la mercería tiene que entrar y salir, a veces con gran facilidad, a menudo empujándolo con las manos por la grupa y las patas traseras. Los asnos son a menudo alambicados, lunáticos y atrabiliarios en sus movimientos. Jamás nadie los ha entendido todavía claramente. A veces se manifiestan caprichosos como los déspotas orientales, pero no son tan déspotas. Al principio parecía que se negaba a entrar por la puerta de la mercería — cosa que hasta cierto punto se comprende — de manera que fué necesario entrarlo en brazos con la ayuda de los curiosos de la calle. Después se fué aclimatando y así fué posible encerrar a un asno en una cuadra atravesando un rancio establecimiento de carretes e hilos.

Un día pensé que un borriquillo y la confección

de «jerseys» eran dos cosas incompatibles y supuse, por lo tanto, que no debía el jumento gozar de la simpatía de Roseta. Le pregunté su opinión sobre los estentóreos y frecuentes rebuznos del animal. Hasta mi piso llegan también estos rebuznos, pero los oigo con gusto. A mi modo de entender, uno de los mayores encantos de la vida de pueblo es la percepción constante de la proximidad de la naturaleza. En las ciudades se oyen otros ruidos: los motores, los coches, la quincalla de los tranvías, las bocinas y el ruido apagado de las pisadas de la gente en la calle, los gritos, aparte del ruido que hacen los *waters* cuando los vecinos tiran de la cadena. Los rebuznos de este animal son potentes y vigorosos, pero al acabar les infunde un matiz de ternura acongojada y grave que produce una auténtica emoción.

—Baldiri — me contesta Roseta riendo al mismo tiempo que enseña unas encías pálidas y exhaustas — me acompaña mucho.

—¿Y quién es Baldiri, señorita?

—Baldiri es el borriquillo de mi padre, o sea que el borriquillo de mi padre se llama Baldiri.

—Sospecho que Baldiri es un asno excelente — dije iniciando una franca retirada.

—¡Sí, señor! Ya lo puede decir por todas partes. Es una monada y además es simpatiquísimo.

En los pueblos casi todo el mundo tiene su mote y en Reus, a don Pablo Font de Rubinat que tuvo la biblioteca más importante del país (treinta mil volúmenes) le llamaban el señor Pan y Cebolla. Al padre de Roseta le llaman Juan-qué-hora-es, primero, sin duda, porque no se llama Juan sino Martí y luego porque de joven tuvo una cierta propensión — excesiva — a preguntar a la gente que encontraba a su paso la hora que era.

Después se compró un reloj muy grande, abollado, de plata que ató con un cordel en el botón de su chaleco de terciopelo. Este reloj tenía la numeración de las horas — con letras romanas — marcadas sobre unos pequeños círculos de color verde guisante. Con este poderoso artefacto trató de borrar el mote que le habían puesto. Pero llegó tarde. No lo pudo conseguir. Continuó siendo Juan-qué-hora-es y morirá con el mote a la espalda.

Cada mañana Juan-qué-hora-es pone los aparejos a Baldiri y salen juntos con el almuerzo en las alforjas hacia el olivar o la viña. Si por el camino encuentra a alguien conocido y se presenta la ocasión de entablar conversación, aprovecha el momento para hablar en términos ditirámbicos del animalillo.

—¡Baldiri es muy guapo! ¡Oh! ¡Bó! — dice pasándole la mano por el rosario del espinazo.

Y añade acariciándole una oreja, como aquel muñe a una cabra.

—¡Todos se enamoran de Baldiri! ¡Cho! ¡To!

Entonces Baldiri, con su hocico negro y fresco, se dirige al bolsillo de los pantalones de su dueño y, contrayendo el labio superior, muestra unos magníficos dientes blancos de forma rectangular como pequeñas fichas de dominó. Juan-qué-hora-es se saca una algarroba del bolsillo, le quita previamente el polvo con su gran pañuelo de hierbas y se la da, reluciente y charolada, a Baldiri.

El asno es menudo, joven, negro, brillante. Está muy sano y redondo. Según dice su propietario lo trajeron de muy lejos, pero de muy lejos, de las Castillas. Es un asno de la Morería y lleva unas herraduras diminutas, muy chulas. A veces, cuando trota, de las piedras de la carretera hace brotar unas chispas de fuego. Es

la admiración de la gitanería comarcal y en general
de todas las personas competentes. No pasa día en que
alguien no le proponga su venta a Juan-qué-hora-es.
Pero sólo al oír la proposición ya se entristece.

Juan-qué-hora-es siente por Baldiri una ternura tan
fina que le ahorra todos los trabajos que puede. Asimismo le da muy buenos piensos así de hierba seca
como de forraje verde. En la viña el borriquillo vaga
por los ribazos y por los campos ajenos y se atiborra a
su gusto de cuanta hierba apetece. Cuando gusta
lanza su rebuzno en el espacio y entonces su amo corre
en su busca con el morral lleno de salvado por si el
rebuzno hubiera sido originado a causa de debilidad
o flaqueza. Cuando encuentra un recodo seco y caliente,
se vuelca de espaldas, se fricciona la piel con la aspe-
reza deliciosa de las hierbas, las patas hacia arriba, el
vientre juguetón y búdico, los ojos semicerrados ante el
azul del cielo. En el viaje de vuelta a la calle Estrecha,
Juan-qué-hora-es lo carga con los haces de leña seca,
pues este hombre prefiere llevar la carga pesada a su
espalda. No sé todavía si esto es buena táctica. Baldiri
tiene un temperamento pacífico pero quizá su manse-
dumbre se explica porque es tan joven, porque todavía
se encuentra en la puerilidad de la adolescencia. A medida que pasen los años, sobre todo si dura la cucaña
de su vida presente, tendrá un trato mucho más difícil,
se volverá travieso y maligno. Presumo que dará a su
amo — si éste se distrae — unos tremendos bocados en
la parte trasera de sus pantalones (como si lo viera) y
si acierta bien la dentellada, le hará ver las estrellas.

Ahora, de momento, Baldiri es un borriquillo perfectamente plácido, adaptado como uña y carne a las
costumbres de su amo. Cuando por el camino que conduce a la viña dejan, a fuera el pueblo, la carretera y

toman el viejo camino soleado y profundo, flanqueado
de pitas, perfumado de hierbas secas, que pasa entre
las paredes duras, Juan-qué-hora-es se encuentra en su
auténtico y delicioso elemento. Se coloca y anda delante
del animal; se pone las gafas; saca el periódico atrasa-
do que siempre lee y ahora un paso y ahora otro, lentamente, deletrea el papel impreso. Baldiri lo sigue
como un corderillo. Si por culpa de la lectura o por la
importancia de la noticia aparecida ante sus ojos se
produce la necesidad de hacer una pausa para librarse
a una urgente meditación, Juan-qué-hora-es se para
bruscamente y Baldiri hace lo mismo. Cuando la lectura permite reemprender la marcha, el borriquillo
reemprende igualmente la marcha. Si el paso se acelera, Baldiri acelera el paso; si el paso se acorta y es
indolente, el del asno se conforma dócilmente. He presenciado muchas veces estas escenas y he podido hacerme cargo de la compenetración qeu puede llegar a
existir entre dos seres. Sin embargo, en ciertos momentos me ha parecido notar, en la mirada de Baldiri, la
preocupación por descubrir en la parte trasera de su
amo (con la previa degustación profética) el punto más
adecuado para el mordisco a boca llena. Pero estos te-
mores míos no los he comentado todavía nunca con
Roseta.

XXIV

A L lado de la mercería de Roseta, la delicada jorobadita, se alza una vieja casucha en la cual se
entra bajando dos peldaños. Su fachada casi ocupa el
centro de la calle y el edificio dibuja una concavidad

que presta un poco de gracia a la ondulación del urbanismo. La puerta de entrada tiene un arco redondo, de piedra picada. Antiguamente, este arco debió poseer una pesada puerta de madera, de casa de payés. De la vieja puerta, sólo queda una hoja. La otra ha sido substituída por una con cristales, detrás de los cuales se puede ver una cortina encarnada, desteñida y deshilada, de una miserable vulgaridad.

Los dos peldaños dan acceso a un local grande, de techo de vuelta, con unas paredes sopladas, sobre las cuales hay una abotargada acumulación de capas de cal que se agrietan — una cal antigua, amarillenta, muerta —. En el interior, en la vuelta, hay un escaparate con diversas botellas. En un ángulo del mostrador, existe un depósito cubierto de una plancha de zinc de la cual emerge una fuente de metal blanco, con un grifo que hace caer un cilindro de agua sin fuerza. Esta fuente se abre y se cierra dando vuelta a una pequeña rueda. Sobre el zinc hay unos vasos de cristal grueso, de un espesor de materia grosera y en la parte del rincón, debajo del armario vacío pintado de color de sangre de buey, se ve una bota con un plato de barro amarillo debajo del grifo — un plato con un círculo de color morado de vino áspero y rasposo. En el local se dispersan unas mesas de madera, unas sillas, y sobre la pared de la derecha — a la entrada — un banco con unas patas, en toda su extensión.

Detrás del escaparate, una vidriera apaisada que separa el local de una pequeña habitación que debe de haber servido — que sirve, todavía — como único comedor.

Años atrás este local fué la taberna más concurrida de Torrelles. Hoy día casi nunca no entra nadie. El establecimiento tiene un aire vago y mortecino y la luz parece allí crepuscular, con la vidriosa transparencia de un color de ala de mosca.

Al pasar por la calle, doy a veces una ojeada al establecimiento. Siempre se ve lo mismo: sentada en una silla, con el brazo encima de una de las mesas, la mejilla en la palma de la mano, está una mujer gorda vestida de negro. Sobre la mancha del vestido, que la cortina encarnada hace más negra, se ve una cabeza rubia, con unos ojos azules y diversos sotabarbas de piel vieja, aceitosa y cansada. Debajo se ven dos piernas cuya forma recuerda el vientre de un conejo desollado, terminadas en unas zapatillas negras. Esta mujer es la propietaria del establecimiento. Es viuda. En el vacío casi permanente de la taberna, opaca y solitaria, el brazo desnudo sosteniendo sobre el ángulo de la mesa su cuello que se vence, esta mujer parece que sueña. Se pasa horas y horas clavada en la misma posición y desde la calle es un poco difícil saber si duerme o vela. El ambiente que la rodea es un ruido extinguido — una taberna muerta.

Lo más curioso de esta mujer es la absoluta indiferencia en que parece vivir respecto a la calle. No parece que la excite ningún deseo de observación o de presencia. La vida de la calle es variable. A las horas de entrar o salir de las fábricas pasa gente por delante su tienda. Cuando hay función en la iglesia o bien cine, pasa otra clase de gente — más acicalada, mejor vestida. A veces, muy a menudo no pasa apenas ni un alma: un viajante, con su paquete, que cumple sus visitas, una muchacha que regresa de la compra, un forastero que divaga, caminando lentamente. A la hora de salida de los colegios los chiquillos arman una verdadera gritería que se va alejando progresivamente. Pasan también los carros, los camiones, a veces algún automóvil.

La calle es tan estrecha que los carros llenos de paja o de alfalfa dejan una brizna de hierba en una pared u otra de la calle. Algunas veces se encaran dos carruajes y como uno de ellos ha de retroceder se organiza la correspondiente zarabanda. Los espíritus progresistas afirman que estos espectáculos son impropios de una población como Torrelles: querrían ver un guardia en la entrada de la calle regulando el tránsito — como en Barcelona — con un salacot blanco y una porra en la mano. A la mayoría, la solución del guardia les es indiferente. Primero, porque no están para más dispendios. Después, porque encuentran que estas cosas son naturalísimas. En los pueblos los pretextos de conversación son tan escasos y escuálidos, que si uno puede llegar a su casa llevando la relación de cualquier nonada, parece que la vida de familia se fortalece. En este sentido lo que ocurre en la calle Estrecha — debido a su angostura — es una fuente de conversación constante. De muchas calles en Torrelles apenas se habla; prácticamente es como si no existieran. Nunca pasa nada en ellas. De la calle Estrecha se habla siempre. Para una persona como Francisqueta sus espectáculos son una inagotable fuente de delicias. Francisqueta sería del todo feliz si se pudiera pasar el día en el balcón del pisito contemplando los que van y vienen (los misterios de los que van y vienen) y todo lo que ocurre en la calle. De lo que pasa le interesan menos los espectáculos ruidosos que hacen hablar a la gente que el simple tránsito de la gente. Para Francisqueta hay en la vida del prójimo, en sus movimientos, en sus idas y venidas, un elemento secreto y de misterio, algún móvil enigmático que se trata de ocultar con el más disimulado interés. En las grandes ciudades la misma densidad humana hace que los misterios que arrastran las personas

sean invisibles. En los pueblos todos se conocen; las
noticias reales y fantásticas que se tienen de la otra
gente son copiosas, innumerables y así la persona que
tiene la capacidad de penetrar en las intenciones ajenas
puede hacer, en todo momento, deducciones curiosísi-
mas. Lo cual origina que un pueblo da la sensación al
forastero — y aun al indígena — de sentirse vigilado,
de intuir que existen unos ojos que siempre le miran
— ojos con una curiosidad morbosa, irónicos, fríos —,
en los momentos más inesperados, en los lugares más
imprevistos. De aquí proviene la atmósfera de ahogo
que para muchas personas es irresistible y crea la eva-
sión del anonimato insondable de las grandes vidas.

Por eso la vida de esta mujer de la taberna sin
clientes produce una gran sorpresa. Todavía no la he
visto nunca francamente en la calle. Con la mejilla
apoyada en la palma de la mano está generalmente co-
locada de perfil; alguna vez se vuelve de espaldas. En
esta posición pasa largos ratos mirando al techo o a la
pared y si le da la espalda mira, como embabiecada, la
lenta caída de una gota de agua de la fuente del escaparate sobre el frío y metálico zinc.

Sin embargo, existe en el año un momento en que
la vida de esta mujer parece agitarse un tanto. Es
cuando llega el invierno y empieza el frío y el mal
tiempo. Entonces, en un día determinado, traspasa la
puerta de vidrio un hombre — siempre acostumbra a
ser el mismo — con un morral en la mano. Ante la aparición la viuda se levanta de la silla emitiendo el fatigado suspiro de las personas gordas cuando se levantan
de una silla. El hombre y la mujer se saludan breve-
mente. En realidad nada tienen que decirse. Entre estas
dos personas todo está sobreentendido. La mujer trae
una palangana esmaltada en azul donde se aboca el

morral. El morral está lleno de pájaros muertos, que generalmente son gorriones. Las grises y revueltas plumas de los gorriones están todavía calientes y vivas. La mujer los palpa de uno a uno: todavía están tibios. El cazador furtivo se marcha — después de arreglar las cuentas — y ella se dispone a desplumar los pájaros. Lo hace con una agilidad de insecto. Las plumas largas caen fácilmente, los cañoncitos de las plumitas los arranca con las dos uñas de los dedos. La palangana se va llenando de un pequeño montón de huesos y piel de un tono sangriento del cual emergen las cabezas intactas, los cuellos torcidos, los ojos vidriados, los picos. Después la palangana se coloca en la mesa más cercana a los cristales de la puerta de la calle. Es el reclamo de la casa. Los devoradores de pájaros, los ciudadanos aficionados a masticar los huesos de los gorriones, saben, de este modo, que pueden satisfacer fácilmente su sañuda y sabrosa afición.

Estos años los cazadores furtivos se lamentan amargamente. Ha hecho frío, pero no ha nevado bastante para que abunden las piezas. La peor eventualidad que puede llegar a la vida de un pájaro es una nevada fuerte y persistente. Los alimentos desaparecen, los pájaros se mueren de hambre y de frío. Cuando nieva no es raro ver caer un pájaro de la rama de un árbol, sobre la blancura helada. Cuando el cuerpo rígido y vacío toca la nieve, se oye un ruido opaco, como el que produce una pequeña pelota deshinchada al caer al suelo. Es un espectáculo patético.

Hay inviernos en que los pájaros abundan más que en otros. No me refiero a los pájaros de paso, los emigrantes, sino a los sedentarios. ¿Qué quiere decir este hecho tantas veces comprobado? ¿Quiere decir que los pájaros sedentarios — los gorriones, por ejemplo — por razones climatológicas, realicen emigraciones locales, de duración limitada, que no exceden de unas docenas de kilómetros? De las emigraciones locales de los pájaros sedentarios no sabemos absolutamente nada. Pero de los pájaros, sean cuales fueren, ¿qué sabemos?

Hay paladares aficionados a los pájaros. Este año han subido de precio. El invierno pasado se compraban a duro la docena. Este invierno a siete pesetas. En la vieja taberna de la calle Estrecha un gorrión pasado por la sartén, una rebanada de pan y un vaso de vino vale seis reales. Hay quien se los come sin pan. Otros encuentran que comerlos sin pan es inconcebible. El gusto de los pájaros varía, por otra parte, cada invierno. El año pasado — dicen los entendidos — eran sabrosísimos, exquisitos. Este año tienen un punto de amargantillo.

Para un hombre sensible, el espectáculo de ver masticar pájaros está totalmente desprovisto de sentimentalismo. Para devorar pájaros se necesita, antes que nada, una dentadura fuerte. Tanto los que ven los pájaros sólo en las curvas aladas y gráciles que describen en el aire, como los que se los imaginan en el suelo, como unos reptiles transformados — yo tengo tendencia a esta última visión — para devorar estos animales es necesario que posean sólidos dientes. A veces el pájaro es tan pequeño que es absolutamente ilusorio intentar separar los huesos de la carne. Por ello es preciso masticar el animal entero y triturarlo con los dientes. Si el pájaro es tierno, los huesos son frágiles, de una fragilidad seca, levemente sonora. Ver comer pájaros quiere decir oír el cric-crac característico de la rotura de los huesecillos. En determinados lugares y en ciertos momentos, este cric-crac puede llegar a poner la carne de gallina.

De toda manera, pienso a menudo si estos hombres primitivos (todavía quedan en el país) que se alimentan principalmente de pájaros, ranas, caracoles, mariscos, pulpos, erizos de mar, setas, anguilas, conejos, hierbas silvestres y perdices, no son infinitamente más felices que los desgraciados que nos alimentamos de bróculi, espinacas, zanahorias, acelgas, arroz hervido, merluzas evaporadas, naranjadas y agua con leche... Tener el estómago adecuado a las cosas sabrosas es importante. ¿Cuál es el estómago más adecuado: el nuestro o el suyo?

Cuando aparece la palangana llena de pájaros detrás de la puerta, el establecimiento se anima un poco. Es fácil entonces ver entrar o salir a los parroquianos, intermitentemente, lo cual hace que la propietaria tenga que levantarse a menudo de la silla, suspirando. Siempre conserva unas brasas en los fogones, y la sartén a punto de freír pájaros. Esta mujer, tan adormilada e indiferente, está considerada como la mujer más hábil y de más sólida técnica en el arte de freír pájaros de todo el pueblo de Torrelles. En este sentido es universalmente respetada. En especial, sabe evitar que el pájaro se reseque demasiado, con lo cual la carne fresca e inmediata conserva sus mil gustos. Así, en la temporada de los pájaros, su personalidad adquiere un relieve indudable, crece; cuando los pájaros se acaban, se encoge de nuevo.

Hoy he visto que un payés, con el cual tenía que hablar, entraba en el establecimiento. Yo he entrado también detrás de él. Cerrada la puerta, y después de bajar los dos peldaños, me he sentido como inmerso en una ola de silencio. Las gruesas paredes parecían conservarlo herméticamente. En el local no había nadie. Debido a la vaguedad de la luz, que desdibujaba el techo, me ha parecido mayor de lo que quizás sea realmente. El payés estaba de pie ante el mostrador. Me he acercado. Hemos hablado un rato —con las largas pausas del conversar de los payeses. Estas pausas creaban unos momentos de silencio afinado, casi trémulo. En el curso de uno de estos silencios, ha llegado hasta mi oído el cric-crac característico de los huesecillos de pájaros quebrados. La amplia puerta encristalada que separa la taberna del comedor estaba abierta. He pasado un rato escuchando el ruido... Mi interlocutor ha querido ir a la cocina para examinar las posibilidades que presentaban los fogones. Le he seguido. Al pasar por el corredor la puerta del comedor estaba entreabierta. He lanzado una ojeada. Sentado a la mesa, un hombre corpulento y casi bermejo masticaba gorriones, con los ojos fijos en el techo y la gorra puesta. Sobre la mesa había un vaso de vino negro...

XXV

El establecimiento del señor Felip, quiero decir la barbería, está situado en los bajos de una de las casas del centro de la calle. Al exterior presenta la correspondiente insignia: la bacía de latón bruñido, de un color amarillo trompeta. En invierno cuando bate la tramuntana el latón produce un ruido como si lo arañaran las uñas de un gato, un ruido metálico, desagradable, que produce escalofrío.

Bien mirado, el establecimiento es discreto. No tiene, claro está, el lujo asiático de las peluquerías céntricas de las grandes ciudades; pero, en fin, es lo suficientemente corriente para que un punto de náuseas no lo

haga prohibitivo. Cuando el día declina, los sábados de
invierno, enciende todas sus bombillas. Los cristales de
su puerta a pesar de estar resguardados por una cortina,
iluminan con una luz viva y resplandeciente si la com-
parásemos con el resplandor senil y linfático de la iluminación pública. Por sugestión de doña Pura — ¡cuántas cosas debo a esta buena señora! —soy cliente del
señor Felip. Por otra parte, el establecimiento está tan
cerca de mi casa que me resulta comodísimo.

A pesar del poco tiempo que hace que utilizo sus
asientos, me parece comprender que Felip es un barbero
de la época brillante de las barberías. No es un hombre
viejo: debe tener unos cincuenta años. Lo que ocurre
es que es un barbero de vocación, nacido para el oficio,
quiero decir que sería barbero aunque no existiesen
barberías. Desde el punto de vista técnico, esta clase de
negocios han mejorado enormemente. Delante de sus
espejos se hacen hoy cosas que nunca habrían podido
soñarse. Ahora, creo que también es un hecho que socialmente han perdido importancia, que tienen menos
peso en el país. El señor Felip es un barbero de la época en que las barberías tenían un peso considerable.

El señor Felip es político, sociólogo, administrador,
financiero, estratega, urbanista, gramático, moralista;
conoce muy bien el problema de los transportes, es geó-
grafo, crítico musical, horticultor y puede hablar de
cocina con una magistral seguridad. Expone sus opiniones y presenta sus noticias en un tono sentencioso
y ligeramente reticente, de manera que cuando se le
oye hablar es imposible no imaginarse que su punto de
partida consiste en suponer que su interlocutor es más
ignorante y duro de mollera de lo que puede ser en
realidad. Esta presunción es importante y de gran efi-
cacia vital, porque cuando se ha hablado de todo resul-

ta que es uno de los pocos caminos que nos han sido
dados para paladear aquello que se llama la felicidad,
Los hombres presumidos suelen ser felices.

—Yo creo, ¿comprende? —me dijo en un inciso de
la conversación el día que nos conocimos—, yo creo
que conviene poner las cosas en su sitio. Una cosa es
una barbería y otra cosa es una peluquería. Barbería
viene de barba. Peluquería, como su nombre indica,
viene de pelo. El establecimiento que, con sus correspondientes servicios, tengo el gusto de ofrecer a usted
es una peluquería, una peluquería propiamente dicha...

—¡Muy agradecido...! —pude al fin decirle al salir del ahogo en que me había sumergido la excesiva
cordialidad, un poco vulgar, de los ofrecimientos del
señor Felip. Deduje de su modo de hablar que el barbero era de la especie de los personajes obvios que tienden hacia la obviedad definitiva —especie peligrosí-
sima.

Más adelante me di cuenta de que el establecimiento
a pesar de ser una peluquería estaba afectado por un
punto de decadencia. Aquel aire de universal superio-
ridad que adopta el peluquero, la dilatación de sus conocimientos pretenden dar inseguridad a su clientela.
La persona que está frente a un negocio debe aparen-
tar, en el trato con sus clientes, ser, por lo menos, un
perplejo, porque no hay nada que agrade más al público
como sospechar que sus servidores tienen el candor
asegurado y una determinada cantidad de pueril buena
pasta. Los presumidos son felices, pero suelen hacer la
infelicidad de los demás.

Ahora bien: a este respecto me permitiré recordar
que el señor Felip se le ha visto perplejo únicamente
una sola vez, según testimonios de sus más viejas amis-

tades. Fué el día que mi antecesor en el usufructo de la titular veterinaria de Torrelles, el señor Cándido, le preguntó:

—¿Podría decirme, señor Felip, si no es indiscreción, qué es lo que ocurre cuando una señora que está encinta se pone a dormir? ¿Qué ocurre entonces con la criatura? ¿Se pone necesariamente a dormir o puede continuar desvelada y despierta? Mi pregunta no corresponde en modo alguno a una curiosidad comprometedora. Es una pregunta que no he visto nunca contestada en los innumerables libros que he consultado sobre la materia...

El barbero quedó un largo rato abierto de piernas y, pensativo, los brazos y la navaja en lo alto. Después miró fijamente a don Cándido, palideció ligeramente y terminó bajando tristemente la cabeza, la navaja y los brazos.

Pero en la memoria de la gente no hay constancia de que la escena se hubiera repetido. Todas las demás preguntas de tipo serio, claro está, que le fueron formuladas en el curso del último cuarto de siglo, fueron contestadas con envidiable lucimiento.

El señor Felip tiene el aspecto del peluquero arcaico, el prototipo del cual fué el fígaro francés. Sobre su frente pálida y ancha, el tupé se le encresta cabalgando encima de la raya lateral y como una elevada y redonda curva de caracol. Usa cuello planchado y chalina negra. La uña de su dedo meñique (de la mano izquierda) es larga y está admirablemente conservada; tiene una calidad de marfil de un color amarillento tostado. Con la punta de esta uña se urga en la nuca, hace saltar la ceniza de los medios cigarrillos, que fuma con una boquilla, o, simplemente, realiza por exhibicionismo con este dedo meñique pequeños gestos frívo-

los, amanerados, cursis. Eso es especialmente visible
cuando trabaja una nuca con las tijeras. Tres o cuatro
gotitas de sudor perlean la punta de su nariz. Su mirada gris es un poco tardía y bovina — la mirada fatigada es la vulgaridad inconmovible. Su voz es grave. Sus espaldas están encorvadas, sin duda, debido a
la curvatura torácica a que le obliga el oficio, y así,
la blanca bata que lleva le cae muy aplomada por delante y por detrás le viene algo corta, la cual cosa le
da un aire «de estar por casa» perpetuo. Es un hombre alto, ligeramente bronquítico, y su esposa se llama
Conchita.

Está pasando en nuestra época con los peluqueros
un fenómeno muy curioso que apuntaré tan sólo porque contribuirá en hacer comprender esta figura de mi
calle.

Años atrás se iba a la peluquería mucho menos que
ahora, porque la gente transportaba mucho más pelo
que en las actuales circunstancias. El número de personas totalmente afeitadas era muy escaso; las cabe-
lleras abundaban y barbas y bigotes crecían con una
esplendorosa ufanía. Los hombres tenían un aspecto
feroz y cavernoso, peludo y naturalístico. El peso que
estos establecimientos tenían sobre la existencia humana eran livianos. Los barberos, en cambio, poseían
una impresionante personalidad; un barbero era un
ser individual, típico, con un relieve inconfundible y
una opinión de peluquería, un juicio de barbero tras-
cendía, sin duda, del salón en que había estado formu-
lado y tomaba un peso social evidente.

Actualmente ocurre lo contrario. La peluquería
forma parte de nuestra misma vida. Enormes masas de
hombres y mujeres acuden a menudo a estas oficinas.
La cantidad de dinero que hombres y mujeres gastan

en la propia fluencia capilar es incalculable. Uno se somete en sus asientos a diversas manipulaciones singulares y pintorescas. Los barberos, en cambio, no son, como tipos, ni la sombra de lo que fueron. Se han desteñido. No tienen personalidad. No tienen carácter específico. Algunos parecen contables insatisfechos; otros, simples tenderos; todos evolucionan hacia unas formas de gris y humana mediocridad. El golpe antiguo de tijera que era tan alegre, metálico y saltarín, convertía el arte de cortar el pelo en una escena de ópera bufa — el cliente embutido dentro de la capa blanca atada al cuello, la cabeza caída en actitud de sacrificio, mientras el barbero hacía cantar las tijeras entre la oreja y la nuca —; hoy, prácticamente, se ha perdido. La tijera ha enmudecido. El pelo ya no se corta; simplemente se arregla. Además, en las barberías nadie dice ni pío. Reina el silencio penoso y opresivo de las salas de espera de los gabinetes de los médicos. Ya no existen criterios, ni opiniones, ni juicios de peluquería. Cada día que pasa la gente siente menos la necesidad de comunicarse con sus semejantes. Todo es adusto e indiferente, y los barberos han perdido la suavidad, la gracia, el gusto por la ternura que tuvieron otros días. Las barberías son una rígida obligación de la cual no se puede prescindir.

El señor Felip está casado con la señora Conchita. La señora Conchita fué la esposa ideal del barbero, en el sentido que la referida señora comprendió en la época, ya lejana, del inicio de su amor, la importancia que tiene en una peluquería el lavado y planchado de los lienzos que se utilizan. Pero el tiempo transcurrió, y con el paso de los años se fué volviendo enfermiza, triste y monótona. Continuó lavando y planchando, pero con un desmayo creciente. Se convirtió en una persona de salud quebradiza y delicada. Los días de viento del sur, especialmente, se proyectan sobre su cuerpo todas las calamidades de la existencia humana. No se queja de nada concretamente: sólo de un indefinido y neblinoso dolor de cabeza y de una desfibración general. Su malestar es evidente: la piel de la cara se le arruga y tiene un color terroso, lívido; la mirada refleja una gran fatiga; la nerviosidad se acentúa a medida que se acentúa el descenso de su ánimo. En la cocina ha de quedarse sentada, lejos de las cazuelas y parrillas, de las sartenes y las ollas. No resiste el calor de los fogones, ni el olor de los sofritos, ni las vitales emanaciones del perejil, del ajo y la cebolla. El señor Felip se dedica — el tiempo que el establecimiento le deja libre — a consolarla y tratar de hacerle más soportable el dolor. Ha tenido que penetrar en la cocina — cosa que ha demostrado, por cierto, que sus conocimientos de cocina son más teóricos que prácticos. Sus elaboraciones son impracticables, francamente malas. Conchita ha tenido — después de oírlo pontificar sobre el tema durante tantos años — una amarga desilusión.

En el terreno de la consolación moral los esfuerzos del barbero no han llegado tampoco a suavizar la inasequible tristeza de su infortunada esposa. Su método no podía ser distinto, porque forma parte de su modo de ser. El barbero perora, pontifica, dogmatiza. No habla: dogmatiza, pontifica, perora. Sus manifestaciones verbales son simplemente para el público. Su sensibilidad es de peluquería, meramente social y multitudinaria. A pesar de la obvia vulgaridad que caracteriza a su dialéctica, tiene una frialdad insoportable. El señor Felip no sabe hablar en la intimidad. La palabra clave, la palabra sencilla, ligeramente trémula, íntima, sensible como una hoja a placer del viento; la titilación que llega penetrando en los tejidos del organismo, a poner una pequeña y ondulante vibración en la víscera cordial —*amore est titilatio*, dijo Spinoza —, esta palabra el señor Felip no la encuentra. La busca, pero no la encuentra en ninguna parte. Todo lo que formula tiene una apariencia congelada y difícil, y sus conceptos son insensibles, porque no conmueven. Así, Conchita que se exalta a medida que el trabajo de consolación de su marido va en aumento, acaba por decirle, ya harta:

—¡Basta ya, Felip! Calla. ¡Eres más duro que una piedra! ¡Calla, por Dios!

El barbero se acerca entonces en el lugar más oscuro de la cocina y se sienta en una silla —debajo de uno litografía de la Torre Eiffel —, pensativo y preocupado.

En un momento determinado Conchita se quejó de la boca. Una muela careada. Mal asunto. El primer día —a pesar de ser, por decirlo así, el día de preparación para la entrada en el lacerante dolor —fué horrible. La nerviosidad de la señora era considerable. Felip propuso que tomara una aspirina, pero la paciente se negó a ello, sin duda para que no se dijera que aceptaba una iniciativa —de efectos posiblemente dudosos, pero notoriamente bien intencionada —de su marido. El desbarajuste de la casa rebasó los límites de las habitaciones privadas del barbero y afectó a la peluquería. El barbero hizo un corte en una peca muy bien situada que contribuía sensiblemente a la gracia de las facciones de un joven cliente. Al día siguiente la situación empeoró con la noche pasada sin dormir. El desorden, alternando con la emisión de algún quejido histérico, fué en aumento. Todo parecía demostrar que Conchita era una persona extremadamente sensible. Fué al atardecer de aquel día cuando el barbero se revistió de valor.

—¡Conchita, de prisa, ponte el abrigo y vamos a casa del dentista! —barbotó con una energía desacostumbrada—. Precisamente hoy es día de dentista...

—¿El dentista, dices? ¿Pero que te has vuelto loco? ¡Ni hablar del dentista! —respondió la señora.

—¿Y por qué no quieres ir al dentista? Te extraerá la muela y si no te la puede arrancar, una cosa u otra te dará para calmar el dolor. ¡Vamos!

—Sólo con oír la palabra dentista y pensar en la silla y el aparato de perforación, ya estoy por desmayarme...

—¡Vaya, vaya, Conchita! Los dentistas ya no hacen daño. ¿En qué época crees que vivimos? En este punto la ciencia ha progresado muchísimo. Quiero demostrarte que los dentistas no hacen daño. ¡Corre, ponte el abrigo!

Fueron al dentista, que era uno de aquellos facultativos errantes pero auténticos, que pasan por las poblaciones una vez cada quince días. Al llegar a la habitación de la fonda donde aquel ambulante había improvisado su despacho, el barbero se dirigió directamente a la silla que servía para sus manipulaciones y tomó asiento y abriendo la boca dijo, señalando con la larguísima uña de su dedo meñique una muela:

—¡Sáqueme esta muela, por favor!

—Pero, Felip, ¿qué quieres hacer? —clamó perpleja, asustada, Conchita—. ¿Es que te has vuelto loco? ¿Quieres hacer el favor de abandonar la silla?

Y mientras eso le decía le tiraba de la manga de la americana para desplazarlo de la silla.

El dentista, sin embargo, examinaba la muela propuesta para la extracción.

—Me permito advertirle — explicó urbanamente —
que esta muela está en un perfecto estado.

—Ya lo sé — contestó el barbero con una gran seriedad, la cara obscura y severa —. La única cosa que
pretendo es demostrar a mi esposa que el arrancarle a
uno una muela es una cosa absolutamente insignificante, que no produce dolor ni tiene ninguna trascendencia....

—¿Así quien tiene el dolor es la señora? — preguntó el dentista.

—Sí, señor; perfectamente.

—Y la muela que se ha de arrancar, la de usted...

—Exacto.

—¡Muy bien, muy bien...! — dijo el facultativo con
un aire de forastero sonriente y agradecido.

Conchita, mientras tanto, tiró todavía un rato de la
manga de su marido y acompañó sus esfuerzos con toda
clase de reconvenciones verbales. Al final lo dejó hacer.
Habría sido perfectamente inútil insistir más. Cuando
un hombre de la seguridad de conocimientos de Felip
toma una determinación, la cosa es irrevocable, definitiva.

Se le puso la inyección y después todo se desarrolló
rápidamente. El consabido, monstruoso guiño, seguido
de la palidez de la cara y la frente... Y la muela salió
un poco amarillenta, sangrienta, del vértice de las ali-
cates.

—¿Ves, Conchita? — dijo el señor Felip en seguida que pudo hablar, con la voz de la persona a quien le
acaban de arrancar una muela. — ¿Ves? A todo eso se
reduce, tonta, hacerse sacar una muela. ¡Bueno, sién-
tate en la silla! No te hará ningún daño. ¿Es que no
me ves a mí?

Pero todo fué inútil; Conchita se negó rotunda-

mente a sentarse en la silla. No aceptó ni la ligera
exploración que de la pieza careada propuso el dentista. Nada dió resultado: las súplicas, las razones, los
esfuerzos de toda clase que realizó el barbero para
convencer a su esposa fueron baldíos y se estrellaron
ante la granítica indiferencia de Conchita.

Al salir de la fonda, debido probablemente al efecto
que le produjo el acto realizado por su esposo, a Conchita le pareció sentir en su muela una ligera mejoría.
El aire tenue, fresco, de la calle aumentó el malestar
del barbero. Caminaba más muerto que vivo, con un
pañuelo en la boca, la mirada entre dolorida y rabiosa.
Llegó un momento en que comprendió la ridiculez de
su situación. Si hubiera sabido llorar habría derrama-
do unas lágrimas. Al llegar a su casa tuvo que acostarse
en cama.

Al día siguiente por la mañana Conchita, ya muy
mejorada. con una voz algo irónica, dijo a su marido:

—¡Felip, ayer te precipitaste!

—¡No me hables! Nunca hubiera creído que fuera
tan burro...

—¡Mira que eres duro, Felip! ¡Mira que llegas a
serlo, Señor, Dios mío!

En la calle Estrecha se habló muchísimo de este hecho, que es absolutamente auténtico. Los comentarios
sarcásticos que provocó no aumentaron en modo alguno precisamente el crédito y la clientela de la peluquería. No solamente en la calle, sino en las calles
adyacentes y, en general, en todo el pueblo, Felip fué
definido entre risas y más risas como un pobre e infeliz
pedantuelo.

Mi extrañeza fué considerable cuando me di cuenta
que Francisqueta adoptaba, ante el hecho, una posición más pronto favorable para el señor Felip.

—En esta peluquería, al menos, las cosas son claras...

—¿Qué quiere decir, Francisqueta?

—Quiero decir que si en el mundo hubiera muchos hombres del temple del señor Felip no se viviría del todo mal...

XXVI

EN la calle Estrecha hay una alpargatería. Lo dice claramente el rótulo que está visible encima de la puerta del establecimiento: «Alpargatería y demás efectos de Epifanio Pujol». Pero no es precisamente una alpargatería en sentido estricto. En realidad se trata de la tienda de un espartero en la que se venden no solamente alpargatas, sino botijos, porrones, platos, ollas, orinales, cuerdas y, además, una infinidad de objetos en los cuales el esparto interviene decisivamente.

En verano, si pasáis por delante de una tienda que contiene objetos nuevos de esparto y la puerta está abierta sentiréis un cierto hedorcillo. El esparto fresco es ligeramente hediondo. Después, con el uso se evapora y es inocuo a la pituitaria. En invierno, por el contrario, en estas tiendas hay una temperatura agradable, porque el esparto conserva el calor. Existe en estas tiendas una temperatura cálida, matizada por el olor que despiden las alpargatas nuevas, un olor que no he sabido nunca de dónde proviene, no sé si del esparto, del trapo o de las cintas, pero en todo caso existe.

El constante discurrir por la calle hace que, aunque uno no quiera, se concluya conociendo el aspecto

externo de la vida de sus habitantes. Y de la tienda del
señor Epifanio una cosa siempre me ha sorprendido:
no he pasado nunca enfrente de ella sin haber visto
en su interior indefectiblemente al propietario del establecimiento. Su posición puede haber cambiado: a
veces está de pie hablando con un payés o agachado
recomponiendo una estera de carro, o sentado en su
banco pasando, con una larga aguja fina, acerada, reluciente, las cintas de una alpargata. Pero lo cierto es
que siempre se le ve dentro de la tienda que ni por
un momento abandona jamás.

Hoy he hablado de ello con Francisqueta. Le he
dicho que me parecía que la fijeza del señor Epifanio
en su tienda era absoluta, definitiva.

Francisqueta ha sonreído. Me ha dicho:

—¿Que no lo sabe? El señor Epifanio cumple una
promesa.

—¿Y qué promesa cumple?

—Se ha castigado a sí mismo. Se ha castigado a no
salir de su casa.

—¿Qué dice?

—Lo que usted oye. Se ha castigado a no salir de su
casa y por ahora no lo pueden sacar de aquí.

—¿Pero qué ha pasado? ¿Es que no está en su sano
juicio el alpargatero?

—Sí, señor, sí. Es que el señor Epifanio es un hombre que tiene amor propio y no se inclina así como
así... Y es que amor propio, se tiene o no se tiene, ¿comprende? Y el señor Epifanio se puede decir que sí
tiene.

—Perfectamente. Diga...

—El señor Epifanio tiene un perro, «Murillo», que
es la niña de sus ojos. «Murillo» es un perro que a mí
no me gusta en absoluto, ladrón y alborotador, pero

el señor Epifanio lo quiere y no puede separarse de él. Cuando el señor Epifanio hacía la vida normal, ya se sabía: cuando se veía al espartero se veía al perro en seguida. Eran como carne y uña, ¿me entiende?

—Sí, Francisqueta, sí.

—Pues bien. Un día el señor Epifanio salió de la tienda dispuesto a ir a tomar café. No se puede decir que haya sido una persona aviciada, de café. Ni pensarlo. Ha sido un hombre muy casero, un esclavo de la tienda. Pero aquella tarde se le ocurrió ir a tomar café. El perro, claro está, le siguió. Fueron, uno detrás del otro, al Bar Montseny. Era domingo. El bar estaba lleno de gente. Cuando el señor Pujol abrió la puerta, se encontró con el propietario del establecimiento.

«—Señor Pujol —dijo el propietario—, buenas tardes.

»—Buenas tardes... ¡«Murillo», toma!

»El perro entró en el bar obedeciendo la clara e inequívoca insinuación de su amo. Ante este hecho el propietario del bar compuso una cara visible de disgusto.

»—Señor Pujol, permítame —dijo—. Ya lo ve; el bar está llenísimo. Se lo pido por favor: deje el perro en la calle.

»—¿Qué quiere decir? —saltó Pujol, picado.

»—Se lo pido por favor. El bar está llenísimo de gente. A usted mismo le será un poco difícil encontrar una silla para tomar café, pero no se preocupe, ya lo arreglaremos. Ahora bien, el perro, si me permite que se lo diga, déjelo a la calle.

»—¿Y por qué? ¿Qué daño hace «Murillo»? Le advierto que es un perro que tiene muchas cualidades...

»—Claro está, señor Pujol, claro está que su perro

tiene muchas cualidades, pero ya le he dicho lo que
viene al caso. Déjelo, por favor, en la calle...

»El perro se había metido por debajo de las sillas
y en seguida sus pasadas molestaron a los clientes. El
bar estaba demasiado lleno para que «Murillo» pudiera
permanecer en él tranquilo. En aquel momento un
cliente lo pisó, el perro roncó amenazadoramente, el
cliente se levantó con brusquedad de la mesa por miedo a ser mordido y se originó una confusión. Todos
dirigieron la mirada hacia el hombre que se había puesto de pie. Se oyó entonces una voz que dominó el
ruido sordo del establecimiento:

»—¡Los perros a la calle!...

»La afirmación produjo una risotada general de
asentimiento.

»—Ya lo ve, señor Pujol... — dijo el propietario del
bar con un creciente nerviosismo —. Hoy es un mal
día para venir con el perro. Llámelo y hágalo salir a
la calle.

»—Pero... — articuló débilmente el señor Pujol, ex-
trañadísimo del desorden que acababa de producirse.

»El perro mientras tanto había penetrado en la
profundidad del local y se movía en una selva de piernas humanas, patas de madera y barrotes de silla. Se
veía en cada momento por donde pasaba, por el movimiento que se producía en la superficie. Como que el
local era reducido, la confusión aumentó visiblemente.
En un momento un cliente, enervado, dió un puntapié
al perro. El perro aulló y luego se puso a ladrar furiosamente. Entonces se oyó una voz fuerte y dominadora
que repitió:

»—¡Los perros a la calle...!

»Toda la clientela reaccionó a favor del que acababa de hablar.

»—Señor Pujol, no sé cómo hacérselo entender...
¡Créame a mí! Llame al perro. Ya es hora de acabar
este barullo. El perro ha de estar en la calle... No hay
otra solución.

»El perro continuaba ladrando, la gente había dejado de jugar a cartas, todos se preparaban por si pa-
sara por su lado darle de puntapiés.

»—¡Válgame Dios! — dijo, superada la sorpresa, el
señor Epifanio, apoderándose de él una indignación
visible —. Esto es una locura... ¿Qué mal les ha hecho
este perro? ¿Qué tienen que decir de «Murillo»?

»—¡Pero, señor Pujol, por Dios! Póngase en razón.
Hoy es un mal día para venir con el perro. Ya lo ve.
Todo está lleno. El perro molesta. Ya se lo he dicho.
Déjelo en la calle.

»—¿Pero por qué, por qué tengo que dejar a «Murillo» en la calle?

»El cafetero no pudo aguantar más. Dijo rápido:

»—¡Basta ya! O usted llama al perro o de lo contrario lo echo yo a puntapiés... De prisa...

»—¡Los perros a la calle...! — bramó por tercera
vez la misma voz.

»Ante la enérgica actitud del propietario, el espartero se deshinchó un poco. Era un hombre alto, fuerte,
rosado, ojos azules, empaquetado dentro de un vestido
de fiesta obscuro, ancho de hombros y con unas ancas
voluminosas. Su tipo robusto y saludable no correspondía a la pusilanimidad que, como buen tendero,
invadía a su espíritu.

»—Muy bien... — articuló con una voz blanca —.
Usted me hace retirar el perro; ¡«Murillo», toma...!
Pero le advierto que no volveré a tomar café en su esta-
blecimiento... ¡toma, «Murillo»...! ¡Vamos!

»—Lo siento, porque lo habría tomado muy bue-

no... Pero no puedo decirle nada más. O usted hace
salir al perro o yo lo expulsaré.

»—¡Ya lo he llamado! ¡«Murillo», toma...!

»—Perfectamente.

»Finalmente apareció «Murillo». Su incursión hasta
el fondo de la tripa del café le había dejado un rastro
visible. Llegó con las orejas gachas, la mirada extra-
viada, pero roncando como una fiera. Cuando la clientela lo vió trasponer la puerta dió muestras muy visibles de satisfacción. Los que temieron más ser mor-
didos señalaron su triunfo con una sonrisa sarcástica.
El señor Epifanio dirigió a «Murillo» una mirada de
consideración y ternura.

»—¡Pobre «Murillo»! ¿Qué ocurre, «Murillo»? En
este café no te quieren... no quieren perros; he aquí
lo que pasa...

»Y mientras le rascaba con la mano la cabeza y las
orejas y lo acariciaba, se dirigió al propietario del
establecimiento.

»—¿Y ahora qué...? — preguntó.

»—¿Qué quiere decir ahora qué? ¡Ahora nada!

»Como que el propietario había quedado muy cansado de todo aquel asunto cerró la puerta de golpe,
secamente.

»El espartero se encontró de pie en el bordillo de
la acera con el perro a su lado. Hacía una desabrida
tarde de invierno. Había salido de su casa para tomar
un café caliente. Eso era para él una cosa tan nueva,
que había puesto en ello una cierta ilusión. Hubiera
podido dirigirse, claro está, a otro café. Pero el temor
de que no se repitiesen estas insoportables escenas le
hizo desistir. De todo aquello lo que más le había dolido eran aquellas sonrisas sarcásticas del final. Le habían
producido un frío en el espinazo. Decidió volverse a

la tienda y eso es lo que hizo, paso a paso con la cabeza un poco inclinada y una mezcla de indignación y vejamen de espíritu.

»La soledad que encontró en la tienda aquella aciaga tarde de domingo, el recuerdo de lo que acababa de suceder le había quedado grabado de tal forma, que fué entonces cuando se hizo la promesa de castigarse a sí mismo. Decidió no salir de su casa — excepto para ir a la primera misa los domingos — hasta que pudiera decentemente y explícitamente volver con el perro al café, hasta que el perro fuera aceptado con agrado en el café.

»Era una promesa tan vaga, tan huérfana de buen sentido, en realidad, tan idiota, que hubiera sido algo difícil de saber lo que quería decir. Pero el país es país de promesas, de llamaradas momentáneas que llevan a hacer una promesa. Ante una dificultad insignificante, o bien un ridículo por el cual se ha pasado, uno promete dejarse la barba o hacer un esfuerzo descomunal o dejar de fumar o hacerse cura hasta que se cumplan unas determinadas condiciones siempre inciertas. El señor Epifanio prometió no salir de casa, etc., como ya hemos dicho. Y por ahora lo cumple. Es un hombre que tiene amor propio, que no se inclina...»

Esta fué la estricta relación de Francisqueta. Más claro todavía: la relación intrínseca es de mi cocinera. Los pequeños comentarios que la intercalan son míos.

—¿Y cómo terminará todo esto, Francisqueta? — he inquirido.

—¿Y cómo quiere que acabe? Acabará como todo... en nada.

Al cabo de poco tiempo entré un día laborable en el Bar Montseny. Casi no había nadie Al lado de la estufa había un perro durmiendo.

—¿De quién es este perro? — pregunté al dueño.

—Es el «Murillo» del señor Pujol. Viene muy a menudo a dormir al lado de la estufa.

—¡Qué me dice!

—Lo que está oyendo.

Francisqueta decía que «Murillo» era un perro que robaba y que gritaba. Además era vagabundo. Corría por Torrelles de un lado para otro. El señor Epifanio cumplía la promesa con un extremado rigor y su perro iba a calentarse al café. Sin embargo, no comuniqué a nadie el hecho. El espartero se hubiera indignado, estoy segurísimo.

XXVII

He sorprendido algunas veces a Francisqueta hablando en la calle con un hombre viejo, muy alto, corpulento, vestido con una americana negra verdosa, deshilada, una gorra sudada y unos pantalones estrechos. Llevaba un bastón y parecía un mendigo de comarca, un vagabundo del país.

—¡Vaya, Francisqueta, gracias a Dios, la felicito! — le he dicho —. He visto que daba una limosna a un pobre... ¡Esto está bien!

—¿Yo dar limosna a un pobre? — ha contestado acalorándose de repente —. ¿Yo dar limosna a un pobre? ¿Por quién me ha tomado? Yo nunca he dado limosna a ningún pobre, ni tengo obligación de hacerlo... Aquí no hay más pobre que yo, ¿comprende?

—La he visto hablar con este mendigo de la calle...

—¿Qué mendigo? ¿A qué mendigo se refiere? ¡Yo no hablo con esta clase de pobres! ¡Qué se ha creído usted!

—Quiero decir este hombre viejo, tan alto, vestido
de obscuro, con los codos rotos y el bastón, que suele
pasar por la calle...

—¡Virgen Santísima...! — ha dicho después de una
pausa de perplejidad la cocinera.

Y en seguida se ha producido el síntoma infalible
de cuando Francisqueta se libra a la emisión de una
carcajada enorme y esplendorosa. Primero se le mueve
un poco debajo el delantal la parte superior del vientre y las grasas le brincan con unos saltos juguetones y
curiosísimos. Cuando estas grasas abdominales entran
en una cierta regularidad se produce entonces en su
rostro — una vez pasado el momento en que las facciones se le contraen como si fuera a estornudar — la
luminosa, grande, sonora explosión de risa. He de confesar que cuando se produce este fenómeno quedo algo
mustio. Al final, mientras con el pañuelo se secaba las
lágrimas de la carcajada, ha podido decir:

—Pero ¡Virgen Santísima! Este hombre de quien
me habla no es ningún mendigo. Es don Martí Roig,
uno de los señores más ricos de Torrelles.

—¿Está usted segura?

—Imagínese si lo sé. La primera casa donde serví
de cocinera fué precisamente la de don Martí y le diré
más todavía: si no me hubieran hecho pasar tanta
hambre y si el sueldo hubiera sido más decente — ganaba doce pesetas al mes — aún estaría sirviendo allí.
El señor Roig es muy buena persona; pero, pobrecito,
¡es tan avaricioso! Todos tenemos nuestras cosas y él
es así... ¡Qué le vamos a hacer!

Si no hubiera hablado en un tono tan afectuoso
hubiera creído que Francisqueta se burlaba de mí.

—¿Pero este hombre es realmente rico? — le pregunté.

—¡Uf, si lo es! Tan rico como usted quiera. Tiene fincas y masías, tierras, censos, casas, bosques, pinares, huertos y una casa llena de muebles. Además dicen que tiene oro y joyas; pero eso yo no lo he visto...

—¿Y cómo es que presenta este aspecto tan pobre? ¿Quiere creer que alguna vez hasta he pensado de hacerle limosna?

—No será usted el primero, si algún día se decide.

—¿Cree que lo aceptaría?

—Es posible...

—¡Válgame Dios!

—Sí, señor. En realidad es un pobre de verdad. Y, además, tiene la carrera de abogado y en su despacho tiene los libros del Cubilla...

—Quiere decir, claro está, el Alcubilla...

—Es igual. El Cubilla.

—Como quiera, Francisqueta...

—Sí, señor. Y ahora le diré una cosa: en casa de don Martí se está muy bien. No había nunca nada a hacer. Se hervía cada día el cocido y todo se acababa aquí. No quería que se tocara nada, ni los papeles de encima la mesa, ni las sillas, ni el polvo que las cubría. Si la casa hubiese estado un poco más limpia, hubiera dado gusto servir en ella. Don Martí iba cada día a misa y cuando veía a un cura, aunque fuera de lejos, quedaba como deslumbrado. Pero si le cortaban una rama de pino o un fruto de un árbol se ponía hecho una fiera. Mareaba a la guardia civil, al juzgado, a la alcaldía... No era un hombre que se durmiera en las ramas, se lo puedo decir muy bien.

—Ya, ya... Y este hombre, ¿tiene familia?

—Cuando yo servía a la casa vivía con él una hermana mayor del señor, una vieja soltera, enteca como una bruja, que todavía era más agarrada y abandonada que él. Pero la señora Antonieta, mientras no mediaran dineros, era la persona más buena de la tierra... Hay señoras que siempre rezongan como un abejorro. Ella no decía nunca esta boca es mía. ¡Qué cuadro, Santo Dios del cielo! ¡Si los hubiera visto a los dos por la calle! Eran como el hambre y las ganas de comer, ¡qué harapientos!... ¡Pero los animalotes son enormemente ricos!

—Bueno, bueno, no lo serán tanto...

—Pero ¿cómo quiere que no lo sean, alma bendita, si no gastan ni un céntimo? ¿Usted conoce algún rico que gaste como los pobres? Por eso lo son, ¡hombre de Dios!

—¿Y la señora Antonieta, vive?

—La señora Antonieta murió y desde entonces el señor Martí vive solo, cada día más tacaño, cada día más abandonado y cada día más rico. El otro día hablé con él, en la calle. Serían las cuatro de la tarde. Me dijo, como quien dice una cosa del otro mundo, que desde que se había levantado sólo había comido dos nueces y cuatro higos. Son personas que les gusta padecer...

—¡Qué horror!

—La señora Antonieta era terrible. Por la mañana se acercaba a los fogones. La olla ya estaba en el fuego. Era un cocido inconsútil, muy delgado, hecho con cuatro virguerías. Levantaba la tapadera de la olla, acercaba la nariz al humo blanco — que apestaba a col — que salía del puchero y decía con los ojos brillantes: «Dolores de cabeza, con pan, son de buen pasar»... Debía imaginar, ¡la pobrecilla!, que yo me lo creía... Al anochecer roían un mendrugo de pan, porque decían que para tener buena salud se tenía que cenar muy poco. Y se iban a la cama tan tranquilos.

Cada vez que hablaban de la salud ya se sabía: disminución de alimentos...

—¿Quién era más avaro, él o ella?

—Quizás él. El año que serví hizo un invierno muy crudo. En la casa hacía mucho frío. No había ni fuego, ni luz, ni brasa, ni humo. Decían que el frío era saludable, que la calefacción costipa y toda clase de bobadas. Todo por no gastar leña. Una mañana apareció nevado, con un nortazo que cortaba la piel. Don Martí fué a la cocina con el cuello de la americana levantado, las manos en los bolsillos, temblando, con una gota en la nariz.

»—Francisqueta — me dijo —, hoy hace frío.

»—Sí, señor; hoy hace frío — le respondí —. ¿Pero qué quiere que haga en el mes de enero sino frío?...

»—¿En qué día estamos del mes? — me preguntó seguidamente.

»—Me parece que estamos a dieciocho de enero...

»—A dieciocho de enero, ¿verdad? — dijo, acercándose a mi oído con un aire confidencial, mientras se frotaba las manos con una gran satisfacción, nerviosamente.

»—Sí, señor, sí.

»—Pues tiene que saber, Francisqueta — y eso me lo dijo en voz baja — que este año a pesar de que estamos a dieciocho de enero, todavía no me he puesto los calzoncillos...

XXVIII

Cada mañana, antes de ir a la compra, Francisqueta arregla el comedor. Todo el mundo sabe lo que quieren decir las palabras «hacer un comedor». Cada tres o cuatro días sacude las esteras, pasa la bayeta y saca el polvo de los muebles. Los demás días, hacer el comedor consiste en abrir el balcón y echar una mirada a la calle.

Me parece que ya dije que frente a mi casa vive Massaguer, el relojero, con su familia. Generalmente la presencia de Francisqueta en el balcón suele coincidir con la aparición en el suyo de la señora Massaguer dedicada a ventilar y arreglar la habitación que ocupa Francisco Valls, el realquilado que tienen. Las dos mujeres son amigas desde hace muchos años; sus conversaciones son siempre vivas, coherentes; no suelen contener ningún elemento de reticencia ni de convencionalismo. En el curso de estos diálogos, generalmente en su principio —puedo precisarlo porque desde mi despacho las oigo hablar todos los días— Francisqueta formula a la señora Massaguer una pregunta categórica:

—¿Tampoco ha pasado nada hoy, Catalina? —le dice.

—¡No, hija, no! ¡Tampoco ha pasado nada...! —suele contestar la señora Catalina, flácida y amarillenta.

—¡Qué le vamos a hacer! ¡Se ha de tener paciencia!

—¡Sí, claro, se ha de tener paciencia!

—De la última vez ya hará casi dos meses... —precisó Francisqueta con un aire que podría muy bien

confundirse con la falsa compunción, pero que a mí me
pareció (lo digo por lo que conozco a mi cocinera), no
solamente auténtico, sino ligeramente emocionado.

—¿Qué dices? Tiras corto. ¡Ahora hará dos tristes
meses y medio! — contestó la señora Catalina.

En invierno no es muy agradable tener el balcón
abierto, sobre todo los días de lluvia o de gran viento.
Entonces el diálogo tiene lugar detrás de los cristales.
Es mudo pero tiene la misma grave elocuencia.

El «tampoco ha pasado nada hoy, Catalina» o «¿to-
todavía no hay novedad, Catalina?», que constituyen
las dos formas iniciales del interrogatorio de la cocinera son formuladas detrás del balcón haciendo con la
cabeza un brusco movimiento hacia arriba y poniendo
en la mirada una intensa curiosidad. La señora Massaguer levanta el brazo y hace con el dedo un signo ne-
gativo también detrás de los cristales. Después agacha
un poco la cabeza, tristemente.

Para que se me perdonara la indiscreción — y he
de confesarlo con una visible timidez — tuve que elegir un día que Francisqueta me pareció que estaba
dominada por un humor excelente. Le pregunté qué
significación tenía el reiterado «tampoco ha pasado
nada hoy, Catalina?» y si la pregunta implicaba el
cumplimiento de algún augurio afortunado para la
familia Massaguer, tan simpática, honrada y excelente.
La cocinera se puso más encarnada que de costumbre
cuando le hacen preguntas que ella no espera, pero
después lanzó una carcajada franca y ruidosa.

—¡Eso no son cosas para el señorito...! — dijo con
una mirada maliciosa, llevándose la mano a la boca,
con una juguetona coquetería antigua.

—¡Bien, bien, no me venga con cuentos chinos,
Francisqueta! ¿Qué significado tienen las preguntas a
la señora Catalina?

—¿Qué quiere que le diga? No sé cómo explicárselo, francamente; Massaguer el relojero, es un animalote frío y como hombre, ¿comprende?, más que pequeño, es mínimo. Su señora, Catalina, que es muy buena persona, va un poco corta, ¿cómo se lo diré?, de amor, de ternura, de cariño...

—¡Vaya! Le falta calor de nido, como dicen en las comedias...

—¡Perdone! ¡Esto no es ninguna comedia! Decir que esto es una comedia es hacer una injusticia a la señora Catalina.

—¡Pero si yo no digo que eso sea una comedia! Siga, Francisqueta.

—Pues sí. Lo que le decía. Le falta alguna cosa. Le falta alguna cosa y no la pueden sacar de aquí. Massaguer es un simplón parado y distraído. No es precisamente que salte como los saltamontes en el mes de agosto. Ni eso. Massaguer es de los del plato único... ¡pero es un témpano, una nevera! Cada noche la pobre Catalina se arregla y se emperejila como si fuese la primera vez. ¡Si viera qué camisones, qué frascos de agua de Colonia y de esencia más caprichosos y finos tiene! Tiene una camisa de dormir color lila, con unos bordados de color tostado que le llega hasta la rodilla, pobrecita, comprada en la Boquería, que es una preciosidad. Cuando se la pone, parece, pobre infeliz, una princesa... ¿Y total para qué? ¡Total para nada! Massaguer duerme que te duerme, como un lirón.

—Es muy triste, realmente...

—¿Dice que es triste? Yo no sé por qué se casan estos cantos de arroyo. ¡Clama al cielo! Si hicieran como Dios manda en la epístola de san Pablo...

—No creo que esto tenga nada que ver, francamente, con la epístola de san Pablo...

—Y usted, ¿qué sabe de todo esto? Eso son cosas nuestras, de mujeres, ¿me entiende? La señora Catalina y yo nos conocemos de toda la vida. Un día me dijo: «Francisqueta, hoy sí que le puedo decir que todo ha ido como una seda.» ¡Si hubiera visto los colores que le salieron a la cara, la pobre, el brillo de sus ojos! Parecía que su piel, tan amarilla de costumbre, había adquirido un nuevo tono.

—Ya comprendo...

—Desde entonces, siempre que la veo y pensando en la alegría que tenía aquel día le pregunto las noticias. Los primeros días le decía: «Bien, Catalina, ¿cómo ha ido?» Pero parece que aquello fué la flor de un día y una flor no hace estío. Mientras tanto, ella venga comprar los frascos de esencia y los camisones que le trae el recadero y que le cuestan un ojo de la cara y Massaguer duerme que duerme, como siempre... Después, cansada de oír: «¡Nada, hija, nada!», le hice la pregunta de otra manera... ¡Pobre Catalina!

Han pasado dos o tres semanas. Ha hecho muy mal tiempo. Torrelles es muy frío. Ha llovido y cayeron unos copos de nieve. He hecho la vida de siempre: el matadero, las visitas, la silenciosa, sorda, monótona vida de pueblo.

Hoy, cuando ya estaba dispuesto para salir a la calle, me he arreglado la bufanda ante el espejo del paragüero. Entonces han llamado a la puerta. Francisqueta ha abierto. Era el aprendiz del señor Massaguer. El aprendiz es un muchacho de doce o trece años, de piel enrojecida y áspera, vivaracho, con la gorra ladeada, las manos en los bolsillos, que mira con unos ojos menudos, aterciopelados y vivos. El muchacho se ha plantado junto al dintel de la puerta, ha quedado un momento absorto, ha contraído las cejas y con la rapidez mecánica de aquel que recita una lección de memoria, ha dicho a Francisqueta:

—De parte de la señora Catalina, que, como que hoy no la ha visto, me hace venir para decirle que todo ha ido de primera...

—Muy bien, chico, muy bien... ¡y gracias! —ha dicho, cerrando la puerta, Francisqueta.

Ante la noticia, la cocinera apenas ha reaccionado. Está resfriada, dice que los huesos le duelen y apenas si puede disimular el mal humor. Me mira con una pequeña sonrisa triste y cansina y se vuelve a la cocina. Si hubiera hecho mejor tiempo, la noticia traída por el aprendiz habría sido recibida con una satisfacción más ufana, mucho más caritativa.

XXIX

CUANDO me enteré del hecho —y lo supe por muy buena tinta, por el mismo médico— consideré que lo más prudente era no decir nada a Francisqueta. El hecho era demasiado desagradable para hablar de ello frívolamente. «Cuando la gente sabrá lo que ha pasado —pensé— bastante que tendremos que hablar, ¡válgame Dios!» Y, en efecto, ahora ya hace más de quince días que no tratamos de otra cosa.

En la calle Estrecha hay una pequeña camisería. La dirige un joven matrimonio que tiene un hijito, Jorge. Con el matrimonio vive el padre de ella, el señor Sebastián, un señor que años atrás había sido zapatero y que ahora vive ya retirado de su oficio. En la actualidad, el señor Sebastián es conocido sobre todo por la inmensa ternura que, al parecer, profesa a su nieto.

El camisero es un joven pequeño y grueso, calvo, de ojos azules, que por la mañana, al abrir el establecimiento, lleva ya la cinta métrica colgada al cuello. Se le tiene por un hombre plácido y tranquilo, un poco melindroso, pero trabajador y persona excelente. Su esposa también es pequeña y llenita, pero si su marido tiene una piel de color algo evaporado, ella se acerca al encarnado. Es una mujer fresca, callada y limpia que siente por su marido una admiración absoluta, completa.

Toda la familia experimenta por Jorge una gran estimación, pero el que parece dar a sus sentimientos un aspecto más visible es el abuelo del niño, el señor Sebastián. El pequeño Jorge debe tener ahora unos cuatro años. Es una criatura viva, agitada, con una magnífica salud. Es uno de estos chiquillos que no se pueden tener ni por la cabeza ni por los pies. El abuelo quiere al niño, porque ya es cosa sabida que los abuelos quieren mucho a los nietos, sobre todo si tienen pocos. Si tienen que repartir demasiado la estimación no suele haber mucha para todos, porque la vejez pone también límites en los sentimientos. En este caso Jorge era nieto único y sobre él se proyectaba la superabundancia sentimental del anciano.

Al señor Sebastián le caía la baba cuando podía tener a Jorge sobre sus rodillas y jugar un rato con él. Generalmente le decía las tonterías que las personas mayores dicen en el país a las criaturas, y se las decía, además, según la costumbre establecida, o sea, cambiando la voz, utilizando una voz y unas palabras extrañísimas. Yo pensaba, al oírlo, que el día en que el señor Sebastián decida utilizar este extraño modo de hablar para demostrar a sus amigos la estimación y la consideración en qué los tiene, será tomado por un franco loco, no solamente por sus interlocutores, sino por todas las personas que estén presentes en la escena. Pero es de esta manera que se habla a los niños. Se habla a los chicos con aquella voz que sólo es posible oír en los teatros del país y que se utiliza, sin duda, por necesidad, es decir, porque se cree que cuando se habla con naturalidad, la sinceridad y la seriedad quedan excluídas. Si esta explicación no es verdadera, ¿qué explicación podría darse del hecho?

Durante el curso de su vida el señor Sebastián fué un excelente trabajador y ha podido hacerse una posición más bien desahogada. Tiene fama, en Torrelles, de querer a la moneda de una manera muy ostensible: quiero decir de nombres y de hechos. En el bolsillo del chaleco, o de los pantalones suele llevar siempre una moneda u otra. En la época en que corrían los duros de plata era de aquellos hombres que se complacía en oír tintinear los duros que llevaba en el bolsillo de sus pantalones. Decía que esta sonoridad le era dulce al oído. Es un hombre, en una palabra, que se complace tocando la moneda. Así no ha de extrañar a nadie que el señor Sebastián creyese que para jugar provechosamente con su nieto debía alargarle siempre unas monedas.

—Toma, Jorge, toma… —le decía, ofreciéndole una moneda de plata —. Juega con eso… Es un franco francés, monada, un franco francés de los buenos, rey mío — decía el señor Sebastián con una voz artificiosamente atenorada para demostrar su inmensa ternura.

Un día el señor Sebastián se dió cuenta de que Jorge no tenía el franco francés que hacía un momento le había entregado.

—¿Dónde tienes el franco, rey de tu abuelito? ¿Dónde tienes el bonito franco francés?

El niño abrió los brazos y se puso a reír. Adoptó
el mismo aire que los ilusionistas al terminar un juego
de manos perfectamente rematado. Jorge hizo con el
cuello un gesto para dar a entender, sonriente y alegre, que se había tragado la moneda. Y era cierto;
exactamente se había tragado un franco francés antiguo, de plata, un franco de antes de la otra guerra.
No fué necesario realizar otra investigación posterior.
El niño había engullido perfectamente y sin ninguna
dificultad un buen franco francés.

Ante el hecho el señor Sebastián perdió el color y
sintió que las piernas le temblaban. «¡Virgen Santísima!», dijo al cabo de un rato, en seguida que se recu-
peró del pasmo que le había producido la sorpresa.
Después las lágrimas le llenaron los ojos — lágrimas de
miedo — y lloró copiosamente. Cuando comunicó a
los padres del chiquillo que Jorge se había tragado la
moneda, todavía lloraba. El niño encontró la escena tan
extraña que no pudo aguantarse la risa.

—¡Pobres de nosotros! — dijo el camisero más
muerto que vivo —. La moneda se le oxidará y le agu-
jeará los tejidos...

Llamaron al médico en medio de un gran descon-
suelo. El médico no se había encontrado nunca ante
un caso semejante. Quedó perplejo. Consideró que lo
más prudente era ganar tiempo.

—¿Qué tenemos que hacer, señor doctor? — preguntó el abuelo abatidísimo.

—A mi entender no se ha de hacer nada... Ya veremos.

—¿Quiere decir que un vomitivo o una purga no
iría bien?

—Para un vomitivo es demasiado tarde; para una
purga demasiado pronto. Ya veremos...

—¿Qué tenemos que hacer, pues?

—Vigilar...

—¿Vigilar, qué?

—Vigilar el orinal. El niño hará la moneda... Yo al menos así lo espero.

Delante de la prudencia, o si se quiere de la irresolución del médico, la familia quedó si cabe todavía más aturdida. El mero hecho de pensar que la moneda había ya entrado en un proceso de oxidación que acabaría por agujerearle los intestinos, los precipitaba en un estado de espíritu dolorosísimo. Estaban deshechos, deprimidos, acongojados por la inminencia de los primeros catastróficos síntomas.

Cosa curiosa: cuanto más preocupada estaba la familia, más sonriente y tranquilo estaba el chiquillo.

—¡Santa inocencia! —gemía el abuelo Sebastián, convulsionado, los ojos arrasados de lágrimas, afectadísimo.

Después de la conversación con el facultativo el ideal familiar hubiera consistido —de haber sido realizable— en colocar la criatura sobre un orinal cualquiera y esperar alrededor del artefacto tantas horas como hubiesen sido necesarias —quiero decir las horas necesarias para la aparición de la moneda. Hasta que se produjera este hecho, la familia no podría tener ni un momento de reposo. Las dificultades empezaban para tratar de precipitar el acontecimiento. Cuando trataron de convencer a Jorge utilizando las palabras más cariñosas del vocabulario familiar, de la necesidad de sentarse en el orinal y pasarse en él la mayor cantidad posible de tiempo, la risa del chiquillo fué de una potencia tan absolutamente negativa, que tuvieron que volver la cabeza para disimular la afluencia de lágrimas que les inundó los ojos. Después trataron de sentarlo a la fuerza, pero no consiguieron nada positivo. La criatura se rebeló francamente. Se dieron cuenta que no había nada a hacer.

La noticia de lo sucedido se extendió rápidamente. Una de las personas de la calle que más pronto se enteró del hecho fué Francisqueta. Al saberlo corrió a contármelo. Como que me lo explicó con una cierta volubilidad, consideré que lo más correcto era no hacerle demasiado caso.

—Y a usted, ¿qué le parece? ¿La hará o no la hará? — preguntó la cocinera con la cara chispeando socarronería.

—¡Qué sé yo, pobre de mí!

—¡Qué cosas pasan por el mundo! ¡Virgen Santísima! Imagínese que hoy finalmente el niño se ha sentado en el orinal. Ha sido un acontecimiento. La familia ha rodeado al chiquillo escuchando atentamente, como si sintieran que la vida les pendía de un hilo. Estaban tan afectados que hoy el camisero ha abierto la tienda sin la cinta métrica colgada al cuello. Dicen que tendrán que llevar al manicomio al simplón de Sebastián. Ya tendría que estar allí. Por poco más que hubiera querido el chiquillo se le habría tragado el reloj con la cadena y todo, delante de sus ojos. No se conoce un caso parecido de estimación. Es un caso único. Y bien: por ahora todavía no hay nada.

—¿Qué quiere decir no hay nada?

—Quiero decir que esperaban el clinc, y el clinc no se ha producido.

—¿Qué es eso del clinc?

—Cuando la moneda caiga y toque en el orinal hará clinc, ¿comprende?

—Hará clinc o no hará clinc... ¡Vaya usted a saber!

—Me parece que usted tiene razón... ¡Ya se lo diré!

—¡No, no diga nada! Hablo seriamente.

Francisqueta ha impuesto la teoría del clinc y en la calle —en realidad en todo Torrelles— no se habla de otra cosa. Todos esperan que se produzca el clinc. La gente al encontrarse se dirigen esta primera pregunta: «¿Ya se ha producido el clinc?» Pero los días pasan y el clinc no se produce. Después de la inquietud de los primeros momentos la familia se ha ido apagando de angustia y de miedo. Hasta la señora de la camisería, tan encarnada siempre, ha ido volviéndose pálida. El viejo Sebastián ha perdido una determinada cantidad de quilos, pero no lo han encerrado en el manicomio como había insinuado Francisqueta. El camisero tiene el negocio abandonado. Cuando le hablan no escucha a nadie. Todo le parece indiferente. Viven para una sola cosa: esperan el clinc.

La situación de Jorge no ha variado. No se queja absolutamente de nada. Está fresco como una rosa. Como que está considerado como una indefectible víctima de la moneda le dejan hacer lo que quiere. Se vale de ello con la mayor impudicia. Se ha convertido en una criatura que literalmente no se puede tener ni por la cabeza ni por los pies. Da a su abuelo unos tirones de bigote que le hacen ver las estrellas.

El facultativo conserva el mismo aire reservado y parsimonioso del primer momento. Continúa creyendo que un día u otro hará la moneda. O sea que se producirá el clinc. Mientras tanto no se ha de hacer nada.

—¡Ustedes vigilen! —dice el médico al despedirse de la familia.

—Sí, señor, sí...

—Vigilen el orinal, con perdón sea dicho. ¡Vigilar! Esta es la clave de la situación.

—Sí, señor, sí...

—Y si hay alguna novedad, avíseme.

Así han ido pasando los días. Desde el día nefasto en que Jorge se tragó la moneda, mañana hará quince días.

Pero finalmente llegaron noticias. Se produjeron a primera hora de la mañana. Cuando Francisqueta conoció estas novedades, no pudo resistir la tentación de despertarme. Me imagino la emoción que le produjo la noticia: no debía caber en la piel. Rompió todas las órdenes dadas, pues le tengo dicho que no me despierte a no ser por algo urgente y grave. Llamó a la puerta de mi habitación antes de las siete.

—¡Señorito, señorito...! — dijo sigilosamente.

—¿Hay alguna novedad?

—¡Sí! Se ha oído el clinc...

—¿Quiere hacer el favor de dejarme dormir?

—Le digo que se ha oído el clinc...

—Perfectamente. ¿Y qué más?

—El niño se encuentra muy bien. Cuando los ha visto tan alegres les ha pedido que le compraran una bicicleta.

—¡Déjeme en paz con sus historias, Francisqueta!

—El pobre señor Sebastián está gravísimo. No ha podido resistir la emoción. Le ha cogido un parasismo y no puede estar de pie. Yendo bien, quedará impedido. Habrían hecho mejor de encerrarlo en el manicomio. Si le hubieran encerrado, todavía sería hombre. Ahora difícilmente se pondrá bien...

Era imposible resistir la vitalidad de Francisqueta. Había empezado hablando bajo, opacamente; pero en

vista de mi escasa resistencia, había ido subiendo de
tono, con un verdadero vozarrón. Ella tenía unas ganas
terribles de pronunciar un discurso. La única solución
era no contestar, dejarla hablar, fingir que dormía Es
lo que hice. Me tapé la cabeza haciendo un ruido ostensible. Cuando comprendió que ya nadie le escuchaba, abandonó la partida, con un visible mal humor
que se perdió en la luz indefinida del piso.

Al día siguiente fuí al entierro del señor Sebastián.
Dados los antecedentes de la muerte, el acto resultó, en
el pensamiento de mucha gente, un poco cómico —
tragicómico más bien. «¡Ha sido víctima del clinc!»,
pensaba la gente. No. El señor Sebastián murió víctima de sus sentimientos.

Al regresar del entierro, Francisqueta se acercó y
dijo con indiferencia:

—¡Ya lo ha visto! Aquí tiene lo que suele pasar
cuando se juega con la moneda.

—¡Ya está bien, Francisqueta! ¡Ya está bien, le
digo!

—«¡Ya está bien, Francisqueta!» Siempre. «¡Basta
ya, Francisqueta!» ¿Pero si no hablamos de esto de qué
hablaremos? ¿Quiere decírmelo, por favor?

XXX

A menudo, después de cenar, me da pereza ir al
Ateneo Recreativo y en general salir, así es que
me quedo en casa leyendo o fumando cigarrillos.

Francisqueta es un poco lenta en arreglar, por la
noche, las cosas de la cocina. El ruido de los platos,
sus idas y venidas suelen durar mucho tiempo. A veces

entre estos ruidos habituales se produce una larga pausa, durante la cual — sospecho — la cocinera se adormece blandamente.

Aquella noche era ya tarde, más tarde que de costumbre — eran más de las doce — y Francisqueta estaba todavía en la cocina trabajando. La calle estaba desierta. Yo estaba en el despacho, sentado en la butaca, y el libro de mi profesión que leía me empezaba a aburrir. El piso estaba silencioso, uno de aquellos silencios de pueblo absolutos, definitivos, que a mí me dan una sensación de sufrimiento, de desamparo. Estos silencios, sólidos, macizos, son, sin embargo, muy útiles a las personas — escasas — que los pueden resistir, porque llegan a dar una sensación física y precisa de la pequeñez del hombre sobre la tierra. Ante estos muros grises, no valen veleidades vanidosas o pedantescas. Barreras infranqueables. En medio del ruido el hombre se siente fuerte. Delante del silencio, descubre su grandiosa inanidad y pequeñez.

Inmerso en la somnolencia de estas vaguedades, oí de repente un ruido que me pareció cauteloso, debilísimo, en la puerta de la calle. Exactamente un ruido producido con los nudillos de la mano. «A esta hora — pensé — ¿quién podrá ser?» El corredor estaba oscuro. El comedor también. El pequeño piso de la calle Estrecha tiene este inconveniente: desde cualquier lugar se oye todo lo que acontece en su interior.

Consideré que lo que se debía hacer — ante el ruido de la puerta — era darme por inexistente. Así, pues, apagué la luz del despacho y volví a la cómoda butaca abandonada hacía un momento. En el despacho la contraventana estaba abierta y por ella entraba la amarillenta iluminación de la calle. Esta débil luminosidad parecía concentrarse en la orla de la promoción de la

Escuela que tengo colgada en la pared. Los retratos de la orla con esta luz parecían que estaban todos muertos, que tanto podíamos ser nosotros como otros, que las fotografías habían llegado a un grado muy avanzado de incertidumbre.

En aquel momento oí los pasos de Francisqueta en el corredor. Pasos muy ligeros, de persona que camina con mucho cuidado, casi de puntillas. Con el escaso tiempo que estoy en este pueblo y en la casa me sorprendió a pesar de todo el movimiento de la cocinera. Andando de esta manera, Francisqueta llegó a la puerta del piso, levantó el pestillo y dió la vuelta a la llave. Debió hacer todo esto con unas precauciones casi ridículas — con unas precauciones sin embargo que no evitaron que los goznes de la puerta chirriaran escandalosamente. «Se tendrá que poner — pensé en seguida —, una gota de aceite en los goznes»...

No oí ninguna palabra. Después, la puerta fué cerrada cuidadosamente y Francisqueta y el visitante se dirigieron a la cocina. Digo el visitante porque los pasos me parecieron de hombre. Cuando pienso en el espectáculo que debían ofrecer andando uno detrás del otro, a ciegas por el corredor, me entran deseos de reír. Pero me pregunté: «Todo este movimiento, ¿qué sentido tiene? ¿Qué quiere decir?»

La presencia del visitante en la cocina duró una docena de minutos. Durante todo este rato, me pareció que hacían un esfuerzo para convertir la conversación en un simple murmullo. Así y todo a veces me llegó como un rumor de voces lejanas y vagas — un rumor de no haber podido evitar la discusión. En el transcurso de este largo rato me sentí dominado más por la curiosidad que por cualquier otra reacción. Ciertamente, en las cocinas pasan a veces cosas muy extra-

ñas, pero me hubiera sido imposible imaginar que en
el curso de esta visita la honra de la cocinera pudiera
peligrar en cualquier sentido. Tampoco he sentido el
menor temor por su seguridad personal ni por los objetos de mi propiedad. De todas maneras, esta visita
nocturna no me ha gustado mucho. Ha sido una cosa
extraña, un hecho insólito, que me ha producido un
cierto destemplamiento.

Francisqueta ha acompañado después al visitante
hasta la puerta del piso, caminando de puntillas. El visitante llevaba, sin duda, alpargatas. En un momento
determinado me ha parecido — sin duda por la infle-
xión del pie — que una de estas alpargatas pisara una
cáscara de cacahuete. Después, cerrada ya la puerta —
se ha repetido el mismo chirrido de antes — la cocinera
ha ido a su habitación. En el momento de la despe-
dida, Francisqueta se ha puesto el dedo en los labios
pidiendo silencio. El aire extraño que en la oscuridad
debía tener la escena... Después se ha producido en el
piso como una distensión y todo ha parecido quedar
invadido de nuevo por el profundo silencio.

En los pueblos todo tiende a producir extrañeza en
el ánimo de los forasteros. De toda manera consideré
necesario hablar un momento con doña Pura de la singular visita nocturna. Fuí a verla. Me recibió amablemente. Le expuse lo que había sucedido. Me escuchó
con una fingida atención. Después se puso a reír.

—No haga caso — me dijo —. Francisqueta tiene
un sobrino, un perdulario, que generalmente sirve de
chófer, que le hace saltar el dinero. Francisqueta adora
a su sobrino, es su debilidad... ¿Qué le vamos a hacer?

—¡Curioso! Yo habría dicho que Francisqueta tiende a la avaricia...

—Tiende, pero no existe avariciosa que lo sea de

una manera absoluta y para todos. Siempre hay una u otra filtración. Francisqueta arrastra a este parásito, pero sospecho que lé gusta mucho. ¡No le niega nunca nada! Le daría todo lo que le pidiese. Cosas de la vida.

—¡Ya lo veo!

—El muchacho es fino. Lleva alpargatas, el vestido azul y va siempre muy bien peinado. Cuando la cocinera se lo mira no puede disimular la impresión que le produce. El niño es mal educado, es brusco y desvergonzado. Sobre todo es indolente. Pero cuanto más lo es más le gusta a Francisqueta... Eso sí: ¡no quiere que sea dicho! No le hable de ello. Si le hace alguna observación le dejará plantado, le abandonará instantáneamente... Está convencida de que lo que le pasa con su sobrino no es muy normal, que probablemente es inconfesable. Por eso lo mantiene en secreto, por eso utiliza tantas ridículas precauciones y no quiere que sea dicho. Si tiene usted interés en conservar a Francisqueta acepte estas visitas tal como son, haga el desentendido. Por otra parte, no creo que tengan ningún peligro... salvo el peligro que representan para la cocinera.

La conversación duró todavía un rato más, no mucho. Empezada entre la hilaridad de la señora y mi visible temor, se acabó con una inversión total de las cosas. Doña Pura dijo unas cosas muy fuertes sobre la debilidad de Francisqueta. Explicadas las cosas a mí en cambio me pareció que lo que hacía Francisqueta era perfectamente normal. Siempre he preferido las personas con alguna debilidad.

XXXI

Hoy domingo me han enviado un encargo de una masía del término para que vaya a ver una vaca. He salido de casa después de comer. Para llegar a la masía a que hago referencia se ha de andar una gran extensión de camino que conduce al cementerio. Este camino está bordeado de acacias. Cuando llega la primavera el olor de las flores de este árbol tiene una intensidad embriagadora. El perfume de esta flor — oigo decir — ha pasado un poco de moda. Me da igual. Para mi gusto este aroma es exquisito. En este momento — primero de marzo — las acacias tienen un desnudamiento esquelético y huesudo, lúgubre. Me domina, sin embargo, un recuerdo tan vivo e inmediato del perfume de la flor de estos árboles en algunos lugares de Barcelona, que al pasar hoy bajo sus ramas caligráficas me he acordado con una intensa realidad — como el acercamiento de un cuerpo joven —, de su fragancia desmayada.

Por el camino me he encontrado con la señora Encarnación Martí, que iba, con su hija Dolores, al cementerio. Qué nombre — Dolores — para poner a una persona, ¡Dios mío! Su amenidad y su oportunidad es, realmente, escasa. Pienso: si a esta señorita le hubieran puesto Desgraciada — y en este caso se hubiera llamado Desgraciada Martí —, quizá le habrían hecho favor. ¿De dónde debe provenir — me pregunto — esta tendencia al drama falso, esta adversión por la naturalidad, esta tendencia a agravar, por obsesión, la miseria eterna? A veces sospecho que con estas palabras desgarradas se pretende aumentar lo picante, la pueril amenidad de la rutinaria fisiología, habitual, endémica.

He saludado a la señora Encarnación y hemos continuado juntos el camino. La señora Encarnación vive con su hija en la calle Estrecha. Lleva una vida muy retirada, como corresponde a una viudedad reciente y a una posición económica y social consolidada. La niña — que es una chiquilla muy delgada, de cabello negro, cara estrecha y pálida, morena, con unos grandes ojos estáticos, labios finos y fríos, piernas largas — la veo a menudo en la mercería de Roseta. La pequeña jorobada bajo la luz, teje sin parar, infatigablemente. La señorita Martí la mira en silencio, con sus grandes ojos negros.

—Desde que murió mi marido — me comunica la señora Encarnación con una seriedad nada exagerada — vamos cada domingo al cementerio. Para nosotros la muerte de mi pobre Enrique fué una gran desgracia. Mientras vivió lo pasamos discretamente. Ahora nos encontramos muy solas...

—Claro, señora, claro...

—¡Crea que se lo merece mi pobre Enrique! ¡Era tan bueno, tan formal, tan cumplidor! Es lo menos que podemos hacer, naturalmente...

—Claro, señora, evidente...

—En realidad no hacemos más que cumplir una promesa, ¿comprende? No creo que con eso tratamos de hacer algún sacrificio. ¡Oh, no! Sería tan poca cosa, sería tan insignificante...

—¡Qué duda hay, señora! Está clarísimo.

La conversación va apagándose. Estos asuntos son muy delicados. Se agotan rápidamente. Para decir algo le pregunté:

—¿Y hace mucho tiempo que van al cementerio?

—Por la pascua que viene hará un año.

—Este invierno con el mal tiempo que hemos tenido, deben haber pasado muy malos ratos...

Doña Encarnación me miró sorprendida. Mi observación ha estado notoriamente desplazada. ¿Cómo es posible que la haya hecho?

—Los domingos que hace mal tiempo — lo dice con un aire muy digno — nos quedamos en casa...

—¡Naturalmente! Es absolutamente comprensible...

—En realidad — añade — prometimos ir todos los domingos y así lo hicimos los primeros meses. ¡Pero ya comprenderá! A veces hace un tiempo tan horrible, tan desagradable, que francamente...

—Está clarísimo...

La conversación decae otra vez. Después del error cometido con la primera observación me hago cargo, con más rotundidad, de lo delicados que son estos asuntos. No hay duda: son cosas absolutamente sensibles. Sin embargo, sea como sea, una cosa u otra se tiene que decir. Uno no puede caminar al lado de unas señoras y estar mudo y callado como un mochuelo. Así es que he intentado otra vez reanudar el diálogo.

—Y en el cementerio... — apunto con un aire distraído.

La señora Encarnación me comprende y me detiene. Abre la gran bolsa que lleva y de su interior saca una pequeña caja envuelta con una bayeta. Es una cajita de pasta para limpiar metales.

—¡Ya comprendo! — le digo —. Deben tener los metales del panteón en un estado que debe dar gusto verlos. Deben estar brillantes, relucientes...

—No se lo tome como una vanidad — me dice con

un aire de gran satisfacción —, pero no creo que exista en el cementerio, en este aspecto, una cosa comparable...

En virtud del habitual automatismo mi cabeza subraya esta proclamación con un gesto de asentimiento.

—¿Quiere creer, señora — le digo —, que el cementerio de Torrelles es muy bonito? Es un cementerio que tiene un gran carácter...

La niña Martí sonríe discretamente. Su madre con una ostentación más visible:

—¡No me dé risa! — dice la señora Encarnación —. Es como todos los cementerios. ¿Por qué tiene que ser bonito un cementerio?

—Pues yo lo encuentro, ¡qué quiere que le diga! Los cipreses son viejos y finos. Los eucaliptos enormes. A mí me gustan los árboles grandes; cuanto más grandes son más me gustan. He pasado por el lado del cementerio en días de viento; los eucaliptos producen un ruido profundo, grave, impresionante, como un hondo mar agitado. Al atardecer, en días de calma, se oye una gran algarabía de pájaros. No comprendo cómo no va más gente. En realidad es el único jardín que hay en Torrelles. ¿No le parece? Lástima que quede un poco lejos...

—Es verdad... va poca gente — confirma la señora Encarnación con un aire compungido —. Van los primeros días... Después ya no vuelven más.

—Exactamente...

Observo que falta todavía un buen trozo de camino para llegar al cruce de los caminos y que casi todos los temas de conversación se han agotado. Para llenar la pausa, no hay más remedio que utilizar los tópicos sobre el tiempo que hace.

—Y del tiempo, señora, del magnífico tiempo que

hace, ¿qué me dice? Es verdaderamente impropio de la estación en que estamos. La tarde es prodigiosa y le entran a uno ganas de sacarse el abrigo...

—Realmente hace un tiempo precioso... —dice la señora Encarnación, con más ligereza —. ¿Y a que adivinaría lo que le decía a mi hija antes de encontrarlo a usted? Le decía que hoy hacía un tiempo delicioso para ir de paseo a buscar espárragos. En el mercado ya los hay. En este tiempo son exquisitos y no hay nada más entretenido que buscarlo por los campos. ¡Y no se crea...! Todavía estoy dudando...

—¿Sobre qué está dudando, señora?

—Estoy dudando, no sé qué hacer...

Hemos llegado ya en el cruce de los caminos. Para llegar a la masía he de tomar el camino de la izquierda. El camino del cementerio tuerce hacia la derecha. Intento despedirme.

—Señora... —le digo con la gorra en la mano.

—¡No, no...! —ataja, rápida, la señora Encarnación —. Usted nos tendrá que hacer todavía, si le parece, un rato más de compañía. La tarde es tan agradable, que no resisto la tentación del paseo. Al cementerio iremos, si Dios quiere, el domingo próximo. Los espárragos, hoy, me tientan. Ahora que tienen un punto de amargor son gustosísimos. ¿Cómo se los come, señor veterinario? ¿En tortilla?

—No, señora. Mi cocinera me los sirve a la vinagreta. A la vinagreta son realmente finos...

XXXII

Montserrateta!
—Tía...
—¡No enciendas la luz! ¡Gastamos demasiada corriente! ¡Así!

Era un atardecer de finales de marzo, un poco ácido, ligeramente morado. Había llovido durante toda la tarde: una lluvia callada y lenta. Casí hacía frío. Las golondrinas —que habían llegado hacía pocos días— volaban sobre los tejados, resbalaban a ras de los aleros, y con las bocas abiertas, hambrientas, llenaban el aire de sus chirridos frenéticos. Torrelles está silencioso. La luz parecía tocada por el silencio. El cielo era prodigioso: unas nubes herrumbrosas, violáceas, de formas monstruosas, sobre el azul desmayado, casi blanco — una blancura vaporosamente azulada —, del firmamento. En la calle se oía el repiqueteo sobre el yunque de los martillos de un lejano herrero. Detrás de la frescura áspera del aire se notaba el perfume embriagador del inicio vegetal de la primavera. El viento perdido dejaba, a veces, un gusto salado; otras, un sabor simplemente frío.

La señora Elvira —que siempre estaba enferma— permanecía rígidamente estirada en la cama, con la sábana debajo la barbilla. En la habitación, de cara a poniente, flotaba la luz de color de yema de huevo en proceso de convertirse en una penumbra opaca. La cabeza de enferma, tiesa e inmóvil, se dibujaba vagamente sobre la almohada. Montserrateta se había sentado a contraluz sobre la pequeña ventana. Sus cabellos

color castaño — sobre sus facciones borradas — parecían
flotar en un resplandor de fuego, un resplandor de color
de cereza blanquecina.

—¡Escucha...! — le dijo con una voz lenta y arras-
trada, la señora Elvira —. Óyeme, Montserrateta... Me
han dicho que has reñido con Miquelet... ¿Es cierto?

—Sí, tía...

—¿Ah, sí? ¿Y por qué me das estos disgustos,
Montserrateta? ¿Por qué? Miquelet te convenía. Te
lo había dicho docenas de veces. Habíamos hablado de
las bicicletas. ¿Es verdad o no es verdad que habíamos
hablado de las bicicletas?

—Sí, tía...

—¿Y qué ha ocurrido para que riñeses con Miquelet? ¿Quieres hacer el favor de decírmelo?

—¡Qué sé yo! Se debe haber cansado de mí y
se ha ido con otra. No creo que haya pasado nada
más... ¿Qué le vamos a hacer?

—¿Pero realmente os habéis peleado? ¿No os de-
cís nada?

—Somos amigos como antes. Nos vemos todos los
días, pero es otra cosa, ¿comprende?

—Yo no comprendo nada... ¿Qué quieres que
comprenda? ¿Quién quieres que comprenda nada de
todo esto?

Montserrateta bajó la cabeza e hizo un movimiento
imperceptible, revelador, pero de una profunda indiferencia.

—¿Y tú qué has hecho, Montserrateta? — insistió
siempre con el mismo gangoso sonsonete la señora Elvira —. Me han dicho que esta chismosa Francisqueta
va propalando que te has visto con un muchacho que
parece forastero...

—Sí, es cierto, pero de esto ya hace muchos días...

—¿Y quién es este chico? ¿Quieres hacer el favor de decírmelo?

—Es un chico de una masía que trabaja en el bosque, que solía venir los domingos...

—¿Qué quieres decir? ¿Quieres decir que ahora ya no viene?

—Ahora ya no viene. ¡Eso es, tía!

—¿Y quién es este chico?

—Quiere decir quién era... ¡Ahora ya no le veo más! Se llamaba Ramón.

—¿Se llamaba Ramón? ¿Y qué más?

—Decía que se quería casar conmigo... Se presentó cuando Miquelet empezó a ir por las suyas. No le podía decir que no. Las amigas reían. Salimos, fuimos al cine...

—¡Sí, claro está! ¿Y dices que este Ramón sólo venía los domingos?

—Sí, tía. Sólo venía los domingos.

—Muy bien. Y los días laborables, ¿qué haces al salir de la fábrica, Montserrateta? Yo sólo te veo a las horas de comer. ¿Qué haces? ¡Dímelo!

—¿Qué quiere que haga? Lo de siempre...

—Fuera de las horas de comer no estás nunca en casa. Yo no me puedo valer para nada. ¿A dónde vas? ¿Qué haces? ¿En dónde te metes?

—Me hago una blusa en casa de Enriqueta.

—¿Y qué más?

—¿Qué quiere que haga más, pobre de mí?

—¡No contestes así! Y este Enriquet que te acompaña por la noche, ¿quién es?

—Es Enriquet, el practicante de la farmacia...

—¿Y este practicante de la farmacia también se quiere casar contigo?

—Así lo dice...

—¿Cuántos años tiene? Debe ser mucho mayor que
tú... Me han dicho que lo es mucho más, que es un
gato viejo...

—Tiene diez años más, sí, tía.

Se produjo una pausa que se prolongó de un modo
asfixiante. La habitación estaba en una penumbra densa. En los cristales de la ventana, la iluminación pobre
de la resplandor de la calle. Montserrateta tenía los
ojos fijos en el brillo barnizado de la madera en la cabecera de la cama.

—¿Estás segura de que todo anda bien, Montserrateta? — dijo rompiendo bruscamente el silencio la
señora Elvira.

—¿Qué quiere que le diga? ¿Qué quiere que
haga, tía?

—¿A mí me lo preguntas? Si tú no sabes lo que
tienes que hacer, ¿quién ha de saberlo? ¡Dilo!...

El tono de voz de la señora Elvira era nervioso,
sarcástico. Montserrat la escuchaba con una total indiferencia, con un aire distraído, ausente. En un momento determinado desvió la mirada de la cabecera
de la cama y la concentró sobre las uñas de su mano
derecha, puesta con un punto de coquetería sobre la
rodilla prominente. La señora Elvira dijo todavía unas
frases con el mismo tono de disgusto, pero después
dejó de hablar bruscamente. La sensación del silencio
dió a la habitación un vacío opresivo. El tiempo se
volvió lento, pesado, interminable. La caída de la lluvia sore los cristales hizo de repente un pequeño ruido,
como un gemido ahogado. Montserrateta saltó sobre-
saltada de la silla y salió de la habitación, rápida, sin
decir nada. El ruido de sus zapatos en la escalera se fué
alejando progresivamente.

XXXIII

LA tertulia del Recreativo me resultó excesiva muy pronto, para no decir desde el primer momento.

Esta tertulia es un típico fenómeno pueblerino: está formada por unos señores que lo saben todo, temiblemente inteligentes, que sólo tienen que guiñarse mutuamente el ojo para que todo quede claro entre ellos. La forma de inteligencia de estos señores es la viveza. Estos señores son unos vivos.

En nuestro país son raras las personas que cuando no saben una cosa tienen la discreción de confesarlo explícitamente. La gente se piensa que tomar esta decisión implica una disminución de la categoría social y de la pública consideración. En definitiva se está convencido que la discreción hace perder el dinero y que la osadía es el principio de toda posible categoría. Así uno se considera obligado a hacer el vivo, es decir, a disimular permanentemente una universalidad de conocimientos. Desde la más tierna infancia se aprende a ser un vivo. Todos hacen el vivo. En todo momento todos están enterados de todo. En una sociedad así el diálogo llega a ser imposible. ¿De qué pueden humanamente hablar las personas que *a priori* lo saben todo? No pueden hablar de nada. Por eso casi toda nuestra vida social consiste en guiñarnos mutuamente el ojo. En la vida de pueblo, todo esto es muy visible. Cuando se cae en un pueblo, en una de estas reuniones cerradas y sibilinas, formadas por vivos, el forastero queda en indisimulable evidencia. El forastero tiene un aire de intruso. Al principio es aceptado, porque la novedad que implica su presencia distrae. Pero esta presencia fatiga rápidamente, porque digerir, normalizar en la tertulia el cuerpo extraño del forastero sólo sería posible explicándole previamente la simbología de la reunión, y esto es imposible en la práctica. Los guiños que nos cruzamos son inexplicables, porque responden a nuestra sutilidad, al permanente disimulo en que vivimos. Así, pues, caer en una de estas tertulias es como vivir en un país remoto, absolutamente extranjero, entre personas completamente nuevas, y con las cuales no se ha establecido un diccionario para hacerse entender. Esto explica quizá un poco, porque nuestra vida está llena de soledad, de recalcitrante individualismo. Nuestra soledad es tan insondable, tan fuerte, que llega un momento en que renunciamos a explicárnosla y la encontramos naturalísima. El trato con la gente de la misma clase, de idéntica formación, de manías similares, ofrece siempre la posibilidad de una salida de tono, que demuestra que la persona que se tiene delante es aberrante a las propias tendencias íntimas, insoluble, diferente. La desviación se puede manifestar en las cosas más insignificantes y nimias, así como en las cosas capitales y decisivas. Al parecer, esta siempre posible disparidad con las personas que la vida nos va sucesivamente presentando debería anonadarnos y deprimirnos. De hecho no nos anonada ni deprime; nos afecta muy poco; nos deja insensibles. En definitiva sentimos que éste es nuestro estado natural, y que contra esta realidad no hay nada a hacer. Sabemos que la característica de nuestra vida es la imposibilidad de los demás de penetrar en nuestra vida. Esta imposibilidad no nos deja nunca. Imposibilidad de estar de acuerdo con nuestra propia mujer; oposición completa frente a nuestros hijos; constante proceso de enfriamiento con nuestros amigos más íntimos; recelo de nuestros colaboradores; situación reticente, desconfiada, estar como gato y perro, con nuestros asociados. En las grandes ciudades la práctica de la gente corrige un poco esta situación; en los pueblos tiene mucha más crudeza.

Cuando estos temperamentos insolidarios se proyectan sobre un núcleo humano cualquiera — sobre una tertulia, por ejemplo — la adhesión es siempre incompleta, puramente monográfica, porque el objetivo que se persigue es llenar una manía. En el caso a que me refiero, la tertulia del Recreativo tiene como único objeto jugar al «canario» durante las horas ociosas en las tardes de los días de trabajo. Algunas de las personas que forman parte de ella pueden coincidir todavía sobre otras cosas de la vida; generalmente sólo coinciden en la convicción de que la mejor manera de pasar la tarde es jugando al «canario» durante tres o cuatro horas seguidas. Si la manía de los asistentes fuera otra — la de coleccionar sellos, por ejemplo, o la de hablar de arqueología o la de cultivar las amenidades del chismorreo — la tertulia tendría la misma base objetiva.

Ahora bien: una larga convivencia — a pesar incluso de tener su origen en motivos tan pueriles — crea con el tiempo una cierta terminología, sobre todo una cierta terminología abusiva, unos recursos para no hablar de determinadas cosas, y para que otras cosas estén siempre presentes en la conversación, una manera de entenderse a base de signos eficientes y resolutivos. Se trata en todo momento de darse mutuamente la consigna del «ya estamos de acuerdo» cómodo, rápido y utilísimo.

Sin embargo, por ser forastero, toda esta actividad subrepticia y secreta me molesta, francamente, un poco. Me siento como si estuviera ante un muro espeso y consistente, desprovisto de toda grieta. Con el tiempo esta impenetrabilidad produce fatiga y origina una falta de curiosidad, una total indiferencia.

Consideré, pues, necesario — en realidad higiénico — apartarme de esta reunión de personas inteligentes. Tomar una tal decisión me pareció algo triste, porque los vivos suelen tener momentos sorprendentes y divertidos. Así, pues, me he colocado al otro lado del biombo, fuera de la tertulia, en una mesa solitaria situada junto a una modesta y reducida tertulia de tenderos. Por encima del biombo, desde mi mesa, veo subir el humo del tabaco de los jugadores de «canario». Después de cada jugada oigo sus gritos. Ante este espectáculo, cuando yo era mucho más joven y progresista habría pensado: «He aquí una energía que se disuelve en una pura pérdida». Ahora considero, en cambio, que lo más discreto es no pensar en nada.

Mis primeras relaciones con la tertulia de tenderos se reducían al «¡Muy buenas tardes!». Pasados unos días, uno de sus elementos tuvo la amabilidad de presentarse:

—Yo soy Soler... Soler de la calle Estrecha... — dijo.

—Encantado, señor Soler... — le contesté con la mayor solicitud que me fué posible.

—Ya debe saber que somos vecinos de calle.

—Claro. Usted es el señor Soler... Y ¿qué hay de nuevo, señor Soler? ¿Cómo está? ¿Cómo se encuentra? ¿Todo va bien?

—Debemos decir que va bien, más o menos.

—¿La señora, bien?

—Bien, sí, señor... ¿La conoce? No creía que la conociera.

—Comprenderá. La misma calle.

—Natural...

—Si no me equivoco, su señora es alta, llena, rubia, un gran tipo...

—¡Oh, no! Se equivoca. Más bien es pequeña.

—Perdone la confusión... ¡Claro! Es una señora pequeña con un abrigo azul.

—Exactamente.

—Ya ve usted qué equivocaciones se pueden sufrir, señor Soler. Me tiene que perdonar...

—Pero todavía no me ha dicho si la conoce...

—No, señor. La conozco de vista.

—¡Ah! ¡Bueno...!

El señor Soler que tuvo un momento de endurecimiento en el rostro, me miró, hecha mi última declaración, sonriente, con una tendencia a despreocuparse satisfactoriamente.

En una conversación con gente desconocida siempre se puede hacer una plancha y más aún con la gente que no habéis tenido nunca la pretensión de conocer en este caso el peligro es más evidente. En un momento determinado me pareció que el señor Soler reaccionaba como un celoso. Esta clase de personas no suelen ser muy amenas, y siempre me parece que delante de ellas lo más prudente es dejarlas de lado. Son personas llenas de ilusiones y, por lo tanto, de un trato siempre difícil.

Esta escena con el señor Soler me llevó a conocer a sus amigos. Sin embargo, creí indispensable no ligarme demasiado con ellos. A pesar de las insinuaciones que me hicieron para que fuera a su mesa, no me moví nunca de la mía. Preferí más escuchar sus conversaciones algo alejado que no intervenir en ellas directamente.

¡Gente curiosa! Luego de escuchar varias veces sus conversaciones me pareció que les movía a dialogar tres clases principales de pretextos. El principal era el negocio, del cual hablaban con un criterio sistemáticamente pesimista. Sus respectivos negocios jamás funcionaban bien. Se quejaban de la general inclemencia: de la inclemencia de las costumbres y de los disparates que contienen las leyes. No ganaban nunca dinero. Comprendí que a estas conclusiones habían llegado hacía ya muchos años, prácticamente así que entraron en uso de razón comercial o simplemente de razón. Delante de todas las situaciones de los sucesivos regímenes, de las altas y bajas transcurridas, habían dicho con una impresionante unanimidad, con una impecable coherencia, siempre lo mismo. Por otra parte, entre ellos no noté nunca ningún matiz diferencial: pensaban todos exactamente lo mismo, tanto los que veían las cosas en pequeño, a través de detalles desligados, como los que tenían una visión más vasta y panorámica de los negocios.

Entre estos últimos se distinguía por la elevación de sus altos vuelos el señor Martinet, propietario de la razón social «Loza y cristal, cuadros y espejos», de la calle Mayor. El señor Martinet, hombre pequeño y gordo, un poco herpético, de considerable fluencia verbal, ofrecía a sus compañeros una admirable visión global de los problemas. Esta visión solía rematarla con una frase típica que producía en la tertulia, a pesar de la vulgaridad del símbolo, una impresión siempre renovada. Decía para resumir el tópico:

—Y ahora, ya me dirán después de lo que acaban de saber, si levantaremos muy derecha esta pared...

Algunas veces el conserje del Recreativo, que había estado escuchando la descripción con el más gran interés, decía al oír la frase final:

—Pero usted no sé por qué tiene que preocuparse, señor Martinet.

El señor Martinet movía nerviosamente su cuello — cuando se indignaba ofrecía este síntoma — y enrojecía de indignación.

—¿Qué quiere decir con que no he de preocuparme? — preguntaba colérico el señor Martinet —. Esto no se lo consiento... ¿Qué se ha creído usted? Comprendo hasta cierto punto que se bromee con ciertas cosas. A mí me gusta la broma; ahora bien, bromear con estas otras cosas es intolerable y yo no puedo consentirlo... ¿Me ha comprendido?

El conserje plegaba sus velas rápidamente, muy asustado.

—¡Pero, señor Martinet, tenga calma...! — se excusaba, confuso y avergonzado —. ¿No ve que se trataba de una broma? Ya pensaba que su bondad me lo habría permitido...

—¡Pues no, señor! ¡No le permito ninguna broma de este género! ¿Adónde iríamos a parar por este camino? Que la cosa quede bien clara.

Se levantaba de la silla, pagaba el café, decía: «¡Buenas tardes!» y, congestionado de ira, salía del establecimiento.

El pesimismo sistemático era para aquellos tenderos una cosa tan importante y consubstancial con la realidad de las cosas y su espíritu, que era una cosa intangible y sagrada, capital. Era una segregación meramente biológica como la aparición del jugo gástrico en el estómago cuando se tiene hambre, una cosa inconsciente. No había nada a hacer.

El segundo pretexto de conversación — mucho menos importante que el primero — eran las mujeres.

Todos estos señores — o casi todos — estaban casados y como en seguida comprendí, eran unos aferrados partidarios de la monogamia. No solamente lo eran en la práctica de la vida, sino en la teoría. De monógamos prácticos hay muchos en el país, porque no hay más remedio. En teoría hay poquísimos. Aquellos señores tenían de las mujeres una opinión francamente despectiva. Era un despecho recalcitrante y obedecía más que a un sentimiento aparatoso y furioso a la frialdad, incluyendo en ella a su propia y respectiva mujer; pero como que el despecho que sentían por ella era más discreto y razonable que el que proyectaban sobre la generalidad de las mujeres, parecían que la querían con delirio. Estos fenómenos de relatividad son curiosísimos.

Existen personas que en sus ojos, al disponerse para leer un periódico o un libro, al iniciar una conversación con una persona que consideran inferior, sale una sonrisa irónica, una especie de burla apriorística, fría, cargada de una cantidad más o menos elevada — indeterminada — de malicia. Esta indeterminación les es precisa. A veces la malicia no existe, es decir, la burla sólo supone una exteriorización meramente mecánica. En otros individuos es real y positiva. Pues bien; cuando en aquella tertulia empezaban a hablar de mujeres, aparecía en los ojos de los asistentes aquella sonrisa socarrona — la misma sonrisa de los individuos a quienes hacía hace un momento referencia. El grado de malicia que podía contener no lo podría precisar. En cada caso debía ser diferente.

Como que no oí nunca que hablaran de la causa que los había llevado a sentir por las mujeres aquel despecho, no puedo decir hasta qué punto estaba justificado su sentimiento. La realidad es que existía, que existía de una manera fría y objetiva y que el ambiente que creaba la reunión de aquellos señores era absolutamente antifeminista.

Tampoco podría decir —pues delante mío no lo dieron nunca a entender— hasta qué punto conocen a las mujeres para hablar de ellas de aquel modo. Quizá las habían conocido de jóvenes —eran personas de cerca de cincuenta años— y después habían pasado a ser una cosa secundaria y de poco interés. Quizá habían encontrado en el matrimonio una satisfacción tan completa que se habían acostumbrado a prescindir de todo lo que estaba al margen de la posición que tenían. Pero tampoco se debe excluir, me parece, el hecho de que tuvieran de las mujeres una ignorancia y un completo desconocimiento y que sus ideas obedeciesen simplemente a una especie de memoria hereditaria, al peso de un tópico amasado en su sangre que los llevara a tener, ante el otro sexo, una incompatibilidad manifiesta. Y también podría ser que mantuvieran esta posición porque considerasen que la contraria no resistiría el sentido del ridículo. En el sistema de los sentimientos humanos, el sentido del ridículo es muy complejo. A veces lo utilizamos como pretexto para que nos dejen tranquilos en las cosas que personalmente nos interesan. Si alguien trata de penetrar en nuestros asuntos, proclamamos que dar paso a la pretensión «sería ridículo». Estos tenderos eran —en una escala pueblerina— unos excelentes tenderos. No creo que tolerasen fácilmente penetraciones extrañas —incluso familiares— en la dirección de sus negocios, en sus libros, en la caja, en sus diversas actividades personales. Aquellos señores sólo se encontraban bien cuando estaban solos y, como máximo, cuando se encontraban con otros tenderos. En este punto, no habrían hecho ninguna concesión, no tenían ninguna debilidad sentimental y era imposible imaginar que cayeran en algún lazo afectivo de tipo íntimo. Eran integérrimos; eran de hierro. Quizá las ideas que profesaban sobre las mujeres los protegían contra las pretensiones que hubieran podido tener sobre sus negocios sus respectivas mujeres.

A veces yo sospecho que delante de la gente eran tan pesimistas para conseguir que nadie tuviera la veleidad de apoyarse en ellos; para conseguir que la humanidad entera los olvidara y así poder, de una manera cómoda, ir vegetando. Delante de las mujeres manifestaban una oposición absoluta para conseguir en el medio más restringido de la compañía matrimonial, el mismo agradable efecto.

De las mujeres hablaban a base siempre de generalizar y con una frivolidad que llegaba a la irresponsabilidad más completa. Las mujeres dejadas en libertad eran — según ellos — el origen de todos los desórdenes, de todas las calamidades y desgracias de la tierra. En este sentido ofrecían un peligro permanente.

—¡Eso en lo mejor de los casos...! —afirmaba el señor Soler.

—En efecto. Tiene toda la razón. Eso en el mejor de los casos... Porque, de lo contrario, no le digo nada...

La fragilidad sentimental de la mujer era, para ellos, dogma de fe. Las mujeres son inconstantes, volubles, caprichosas y tienen siempre la cabeza a pájaros. Nunca se puede contar con ellas para nada. Siempre existe alguna cosa que les interesa más que lo que tienen a cada momento. Son inquietas e inestables. Su inconsistencia las hace peligrosísimas.

—¡Eso en lo mejor de los casos...! —decía el señor Soler.

—¡Evidente! ¡Eso en lo mejor de los casos...! Ni que usted lo diga. Porque si en este punto se pasa de la medida, siempre posible, no le digo nada... —proclamaba el señor Martinet.

El conserje del Recreativo, cuando no tenía nada que hacer, los escuchaba; alguna vez los contradecía.

—Ustedes dicen que las mujeres son inconstantes —decía—. Desgraciadamente, no pasa eso con la mía. Mi mujer tiene una constancia que hasta a veces me molesta, francamente. No me deja ni a sol ni a sombra; tanta fidelidad empieza a cargarme. Distraerse un poco es, a veces, saludable e higiénico.

—¡Vaya, vaya, señor Quimet, no hable así...! —decía el señor Soler, disimulando apenas la sorpresa que le producían las palabras del conserje.

—¿Qué quiere decir no hable así...? —preguntaba colérico el señor Martinet—. Yo voy mucho más lejos, ¿comprende, señor Soler? Lo que acaba de decir Quimet es una burrada fenomenal, una perfecta imbecilidad. Sobre estas cosas no puedo permitirme ninguna broma, porque son cosas muy serias. ¿Me ha comprendido? ¡Muy serias!

Mientras tanto, en su cuello sólido y grueso se producían los movimientos nerviosos que eran el síntoma externo de su indignación. El señor Martinet, que no toleraba ninguna broma sobre su pesimismo comercial —y en general sobre el pesimismo que imperaba en la tertulia—, no toleraba tampoco ninguna desviación sobre las ideas que sobre las mujeres profesaban él y sus amigos.

El conserje se batía rápidamente en retirada. A veces conseguía hacerles entender que sus palabras habrían sido simplemente un *flatus vocis,* que estaban desprovistas de la menor trascendencia. Pero a veces no lo conseguía y entonces la escena terminaba siempre de la misma manera: la cólera del señor Martinet era incompatible con su presencia en la tertulia. Se levantaba (era pequeño), pagaba el café, decía buenas tardes y abandonaba el establecimiento tieso como un palo.

A la tertulia solía venir un señor de regular estatura que tenía fama de vender el mejor bacalao de Torrelles; un hombre amarillo, de cabellos muy negros, con una barba azul y dura, que hablaba con una voz nasal, metálica y agrietada. En la mesa solía estar mudo y tranquilo y su ocupación consistía, al encontrarse con los amigos, manifestar una sistemática conformidad con cuanto decían. Cuando se hablaba de mujeres, sin embargo, de algún asunto relacionado con la trama de la vida, entraba en una gran agitación y flanqueaba la relación que uno u otro hacía, diciendo en francés — pues chapurreaba el francés, ignoro por qué razón — con su vocecita, enfática e insolente:

—*Cherchez la femme... cherchez la femme...*

Estoy seguro que la primera vez que aquellos buenos señores escucharon estas extrañas palabras del bacaladero les hicieron un efecto extrañísimo. Pero desde aquel día había pasado ya mucho tiempo y las palabras habían quedado incrustadas en la reunión, eran ya un hecho obligado, ineluctable, siempre que tenía lugar una determinada clase de conversación. Se contaba ya con ellas y eran considerables y naturalísimas.

A mí, personalmente, este aspecto de la reunión me molestaba —si he de ser franco— un poco. Pero me tuve que ir acostumbrando, como a tantas otras cosas de la vida. Lo que nunca, en cambio, pude digerir, fué aquel *cherchez la femme* pronunciado con aquella voz quebradiza del bacaladero. En determinadas ocasiones no llegué a resistirles y de una manera disimulada, pretextando un trabajo urgente, abandoné la reunión y salí a la calle.

El tercer pretexto de conversación no llegaba tan sólo a pretexto. Era simplemente el automatismo verbal —el coloquio automático que entre aquellos señores se producía cuando no tenían nada concreto que decirse. Era el consabido rosario de frases hechas, tramadas por un hilo invisible como las cerezas en el cesto. Hay bastante formulando una para que vayan saliendo las demás, una detrás la otra, fatalmente.

La parte que ocupa en nuestra vida de relación el automatismo coloquial es enorme, y es sorprendente cómo éste no ha promovido hasta ahora más interés. En el transcurso del día una gran parte de las frases que pronunciamos nos salen únicamente por comodidad, por el placer que nos produce mover la lengua y modular los sonidos guturales —simplemente para matar el rato. Sólo los personajes de las novelas saben exactamente lo que dicen y hablan de una manera deliberada y consciente. Las tres cuartas partes de lo que dicen los hombres de carne y hueso son ruidos ciertamente articulados, pero desprovistos de cualquier sentido, frases meramente automáticas. Si uno medita un momento sobre este hecho, ve cubrirse una gran parte de su propia vida de una grotesca comicidad.

En aquella tertulia de tenderos el automatismo coloquial era constante. A veces hablaban media hora

seguida del tiempo a base de frases hechas — a base
de vocablos cuya aparición podía predecirse con una
seguridad perfecta. No escuchaba aquellas conversaciones, abrumado y sorprendido porque me daban
una idea clarísima de mí propia manera de hablar,
de su radical inanidad y completa vacuidad. En este
sentido la proximidad de la tertulia me favorece.
Cuanto más típica y sabrosa era la conversación de los
tenderos más me compadecía a mí mismo. Escuchando
a aquellos señores me sobrecogían unas terribles ganas de callar, de no decir nada. No copié ninguna
conversación de este orden, aunque no me sería nada
difícil reconstruirlas. Decido no hacerlo para no hacer
excesivamente pesada la nota realista de estos papeles.

XXXIV

Francisqueta regresa del mercado radiante, satisfecha. En lugar de ir con el capazo de la compra,
como todos los días, directamente a la cocina, veo que
se dirige al comedor, donde me encuentra tomando la
limonada con azúcar del desayuno cotidiano. Encima
del capazo de las vituallas, lleva unos magníficos apios.
Al cabo de un rato, un perfume sabroso, fresco, un
poco áspero, flota en el comedor. ¡Qué agradable es
el olor del apio, válgame Dios!

— ¿Qué hay por la plaza, Francisqueta? — pregunto.

—Poca cosa y muy cara. ¡Lo de siempre! Pero ocurre otra cosa más grave...

— ¿Una cosa más grave? ¿Una cosa grave tan temprano? ¡Ah, Francisqueta! ¡Usted nunca se aburre! La envidio...

—Le digo que ocurre una cosa grave... ¡y de la calle! La señora Elvira me ha enviado a buscar. La señora Elvira es esta pobre mujer que hace tanto tiempo que está en cama. Se lo contaré en pocas palabras: La Montserrateta ha celebrado la Pascua antes de Ramos; ¿me entiende lo que quiero decir con esto? La Montserrateta es esta muchacha que es sobrina de la señora Elvira...

—¿Y usted cree que esto es tan grave?

—Usted, señorito, es un hombre que no tiene sentimientos. Mejor dicho: yo no he conocido nunca ningún veterinario que los tuviera. Se ve que este trabajo lo trae consigo. El difunto marido de doña Pura era como usted, exactamente como usted... Un carámbano.

—Así, decía que ha celebrado la Pascua antes de Ramos — le dije para calmarla un poco.

—¡Sí, señor! ¡Lo que oye! — contestó la cocinera con un aire de total compunción, pero perfectamente iluminada en su interior ; y digo iluminada porque la luz de la curiosidad le salía por la porosidad de la piel —. La muchacha la ha hecho buena, muy buena. Una familia tan honrada y buena y encontrarse con este desliz... Es una cualquiera...

—Muy bien... ¿Y qué más? Usted sabe perfectamente que estas cosas apenas me interesan. Lo que me gustaría saber es por qué usted cree que el asunto es grave...

—¡Usted será tan buen veterinario como quiera! — respondió de un modo agrio Francisqueta, mientras colocaba el capazo encima la mesa —. Sí, muy buen veterinario, pero usted tiene el cuello frío; cuando pasó el mismo escándalo con la Pepita, que Dios haya per-

donado, don Cándido dijo lo mismo que ha dicho usted.
¡Si hubiese visto cómo se puso doña Pura! Se puso
desaforada, frenética, contra su marido...

— ¡Deje en paz a los veterinarios, Francisqueta!

— ¡Son unos buhos, tristes y solos, malencarados; he
aquí lo que son...

Desistí en hacer otro cualquier esfuerzo para aho-
rrarme la explicación que Francisqueta ya llevaba en
la cabeza. Hubiera sido totalmente inútil desasirme de
ella. Había entrado en el comedor dispuesta a hablar
y estaba decidida de llevar a cabo su propósito, aunque
se lo hubiese explícitamente prohibido. Adopté, por
lo tanto, un aire muy resignado ante el vaso vacío de
limonada.

— ¡Explíquese, Francisqueta, explíquese...! — dije,
mirando el techo, indiferente.

— Le decía — empezó diciendo con una animación
incontenible — que Elvira me envió a buscar. He ido a
verla. Estaba en la cama como siempre. ¡La pobre está
tan delicada! A la mosquita muerta ya hacía tiempo
que se le notaba alguna cosa extraña, ¿comprende? El
caso es que fué la misma Montserrateta hecha una mag-
dalena la que lo contó todo, palabra por palabra, absolutamente todo. Primero, Elvira creyó que se había
vuelto loca. Con las judías a doce pesetas y las medias
suelas a veinticinco pensó que no se podía estar con
demasiado buen humor... La criatura insistió... y todavía la pobre Elvira no quería creerlo. Decía que era
artificial... ¡qué sé yo lo que decía! «¡Valiente sinvergüenza!», dijo al fin cuando todo quedó más claro que
la luz del día. Tuvo un desmayo y durante un largo
rato pareció estar como muerta. Costó mucho reco-
brarla. Mientras tanto, Montserrateta lloraba amargamente sentada en una silla.

»—¿Pero no te da vergüenza? — le dijo la señora Elvira así que hubo recobrado el conocimiento.

»—¡Sí, tía!

»—¡Eso se tiene que arreglar ahora mismo, en seguida...!

»—¡Sí, tía!

»—Se debe llamar a Miquelet sin pérdida de tiempo.

»—¡No, tía!

»—¿Qué quiere decir «No, tía»? ¿Qué quiere decir «No, tía»? — preguntó alterada la señora Elvira.

»—Quiere decir que de momento no se ha de llamar a nadie... — contestó Montserrateta, emitiendo un gran suspiro, con mucha calma, serenándose a simple vista.

»En aquel momento oyeron que la puerta de la calle se abría y que alguien subía la escalera rápidamente. Era Miquelet — el Miquelet de siempre: sin afeitar, con su vestido azul, los ojos hundidos, aceitoso, ferruginoso, con la piel grasienta.

»—¿Se puede pasar? — dijo Miquelet. Y como que nadie le contestó entró francamente en la habitación. Ante la aparición Elvira fingió una muerte irrevocable con la cabeza vuelta hacia la pared. Montserrat, sentada e inmóvil, tenía la vista fija en las uñas de los dedos. De pie en el dintel de la puerta, con la gorra en la mano, muy pálido, dijo Miquelet: «¡Buenos días!» Pero nadie le respondió. Después tuvo un breve momento de duda, porque, según dicen, es muy tímido — todos los que cometen este disparate acostumbran a ser tímidos —, pero después se destapó como si llevara la lección muy bien aprendida. «Bueno — dijo Miquelet —, tengo, creo yo, alguna culpa en este estropicio, pero mi intención es clara: mi intención es casarme con Montserrateta...»

—Figúrese — prosiguió la cocinera —, figúrese el sufrimiento de la señora Elvira hasta que las intenciones de Miquelet quedaron bien definidas, hasta que se produjo su explícita declaración. Cuando la hubo oído levantó un poco la cabeza de la almohada y dijo lentamente, demostrando el disgusto, pero con la suficiente prudencia para no echarlo todo a perder:

»—De todas maneras, Miquelet, eres un sinvergüenza...

»—Sí, señora. Pero ¿qué quiere que hagamos? Son cosas de la vida.

»—¡Eres un perfecto sinvergüenza...!

»—¡Sí, de acuerdo! De toda manera ya le he dicho que estoy dispuesto a casarme con Montserrateta en seguida.

»—¡Sólo faltaría que ro lo hicieras! Si la cosa no hubiera quedado clara desde el primer momento, hubieras merecido ir a presidio...

»—Está clarísimo — dijo en voz baja, emocionado, Miquelet.

»—¿Y tú, Montserrateta, qué dices? — preguntó la señora Elvira, dirigiéndose a su sobrina —. ¡Me has hecho caer la cara de vergüenza! ¡Dónde se ha visto, válgame Dios! A ver, habla... Ya has oído a Miquelet. ¿Qué tienes que decir?

»—¿Yo? ¡Nada! — dijo la muchacha muy bruscamente.

»—¿Qué quiere decir nada? ¡Esto sí que es bueno! «¡Yo, nada!» ¿Que no has oído a Miquelet?

»—Éste dirá lo que quiera... ¡Yo no digo nada!

»Miquelet miró a Montserrateta insólitamente, profundamente sorprendido. Después bajó la cabeza como si le invadiera una gran confusión. La señora Elvira creyó de nuevo que su sobrina se había vuelto loca,

«¡La tendremos que encerrar en un manicomio, está clarísimo!», pensó la pobre señora Elvira.

»—¿Pero qué pretendes, desgraciada criatura? —le preguntó indignada la señora—. ¿Quieres matarme a disgustos? ¿Quieres martirizarme con tu comportamiento, con tu comportamiento descocado y canallesco?

»—¡Cálmese, señora! ¡No grite! ¡Por favor, no grite! ¡Demasiado se hablará cuando la gente se entere! —gimió Miquelet con una cara preocupada.

»Montserrat miró a Miquelet con una débil sonrisa fría. Elvira se dió cuenta y quedó deprimida, helada. Todos permanecieron un largo rato silenciosos. Montserrateta, completamente serena, miraba el techo; Miquelet, el suelo; la señora Elvira, con los ojos cerrados, parecía respirar fatigosamente. Al final la señora rompió el silencio.

»—Ahora, Miquelet, puedes ya marcharte... —dijo en voz muy baja.

»—Sí, sí, en seguida.

»—Yo pasaré cuentas con ésta.

»—¡Conste que estoy en lo que he dicho! —dijo Miquelet, mirando de reojo a Montserrateta.

»—Hazme el favor de volver esta noche. Yo no me puedo valer. ¡Ya comprenderás que si pudiera...! Aquí te espero.

»Miquelet bajó la escalera deprimido y confuso, con la cabeza llena de incoherencias, tristísimo.»

. En este punto interrumpí a la cocinera.

—¡Perdone! Todo esto que me cuenta, señora Francisqueta, ¿cuándo sucedió?

—Ayer a primera hora de la tarde.

—Entonces en este momento ya todo debe estar arreglado. Eran novios, se casarán un poco antes y pasados cuatro días ya nadie se acordará de nada.

—No, señor; está equivocado. La muchacha se mantiene firme. Se ha cerrado de banda y no ha habido fuerza humana que le hiciera pronunciar ni una palabra más, lo cual hace suponer que no quiere oír hablar de Miquelet.

—Ya lo entiendo; pero fingirá gran desdén por Miquelet un tiempo y después, cuando su conciencia esté más tranquila...

—No parece precisamente que las cosas vayan por este camino. Al menos así lo cree la señora Elvira. ¿Quiere que le diga, señorito? La juventud de hoy no vale ni un céntimo...

—¡No diga simplezas, Francisqueta!

—¡Cómo han cambiado los tiempos!

—¿Quiere decir que antes nadie...?

—¡Qué quiere que le diga! ¡Todo era tan diferente!

—¿El olor del apio también era diferente, Francisqueta?

XXXV

POR la noche al regresar de la visita, Francisqueta me abrió la puerta con una volubilidad sorprendente. En seguida me di cuenta que estaba impregnada de aquella fosforescente luminosidad que tienen las personas presionadas por la necesidad de dar una noticia — que van cargadas con bala, para decirlo vulgarmente. No sabía cómo incitar mi curiosidad. Tomó un aire de inocencia maliciosa que exteriorizó con toda clase de posturas. A medida que las mujeres van teniendo más años suelen desviar la titilación

juvenil del amor hacia las morbosidades especiosas
de la curiosidad. Quizás esta es la curva de la felicidad femenina. En un plano de extrema simplicidad
—que no excluye un juego mental muy complejo—
mi cocinera dibuja admirablemente esta curva. Francamente la admiro por esto.

—La señora Elvira ha recibido otra visita... —es-
talla dando a sus palabras una entonación picante y
misteriosa mientras me recoge el abrigo.

—La señora Elvira... ¿Y quién es la señora Elvira,
Francisqueta? —digo ausente, por puro automatismo.

—De la señora Elvira hemos hablado esta mañana. ¿Ya no se acuerda de lo que decíamos...?

No. Es exacto. Ya no me acuerdo de lo que decíamos esta mañana. La cocinera debe pensar que soy
un distraído profesional. No es cierto. El proceso de
una profesión lleva a dejar la piel como muerta sobre
la receptibilidad viva. Soy todavía demasiado joven
para afectarme por este endurecimiento ineluctable
de la piel. Mi fuerza de reacción —por suerte o por
desgracia— es activa. Un cerdo, una vaca enferma,
una yegua destemplada, me producen una inquietud,
una preocupación —a la larga una enorme fatiga.
Delante de una siempre posible desgracia compruebo
estos tres hechos: mi enorme, insondable ignorancia;
las condiciones higiénicas deplorables de la vida rural
del país; la mentalidad de la gente, reacia a todo lo
que sea una solución científica. Cuando me encuentro
frente a uno o diversos casos graves llego a casa por la
noche agotado por los nervios y la fatiga.

Francisqueta no me deja a sol ni a sombra y me
acompaña hasta el despacho donde me dejo caer en
una silla. Me entran unas ganas, que he de reprimir,
de meterme en la cama.

—La señora Elvira ha recibido la visita del leñador
—dice impávida la cocinera.

—¿Dice un leñador?

—Sí. Ha recibido la visita del leñador. Un leñador
es un hombre que trabaja en el bosque...

—Gracias, Francisqueta. Ya lo sabía. Pero le agradezco la noticia.

Delante de esta mujer me encuentro sin defensa.
Ella lleva siempre la iniciativa. No puedo hacerla callar ni mantenerla en su lugar. Es insidiosa, puntiaguda y viva. No calla, no para, no descansa nunca — no
se ausenta nunca de su propia vida. Es un organismo
que vive solamente obsesionado en su propia vida.
Delante de su personalidad no tengo más remedio
que rendirme. En realidad la envidio.

—Diga, diga, Francisqueta... — digo para ganar
tiempo ante la imposibilidad de reaccionar de cualquier otra manera.

—Seré breve... Veo que está cansado.

—No, no. Hágalo largo, por favor. No tengo nada
más que hacer que someterme a los designios de la di-
vina providencia. Si lo hace corto no acabaremos
nunca más. Diga, por favor, diga...

—El leñador se llama Ramón.

—Muy bien. Ramón, perfectamente.

—Ramón se ha presentado, con la gorra en la
mano, ante la señora Elvira. Le ha dicho que se quería casar con Montserrateta.

—¿Ah, sí?

—Sí, señor, sí.

—¿De manera que Miquelet y Ramón se quieren
casar simultáneamente con la sobrinita?

—Simultáneamente... ¿Qué quiere decir simultáneamente?

—Simultáneamente quiere decir que los dos se quieren casar al mismo tiempo.

—Exacto. Se quieren casar simultáneamente.

—Pero, perdone, ¿este leñador, qué tiene que ver con Montserrateta?

—Parece que la acompañó algún domingo, que fueron a dar unas vueltas, al baile, al cine... Todo esto ocurrió cuando la Montserrateta y Miquelet riñeron, hace ya algún tiempo. Esta relación no fué precisamente una mera fantasía. Montserrat misma lo ha confirmado delante de su tía.

—Las cosas se complican.

—No me hable. La señora Elvira ve visiones, no sabe lo que le pasa. Está más muerta que viva.

—Pero este leñador debe ser un atolondrado, un puro inconsciente.

—No lo parece. Ha dicho a la señora Elvira que sólo quiere a Montserrat y que está dispuesto a casarse con ella al instante.

—¿Y por qué quiere casarse en seguida?

—Porque cree que es el causante del estropicio. Parece muy buen chico y es un gran trabajador. Todo el mundo se deshace en elogios de él. Es una persona muy seria.

—Y Montserrat, ¿qué dice?

—Montserrat dice, delante de Ramón, lo mismo que de Miquelet: nada. No quiere saber nada.

—¡Válgame Dios! Pero si Montserrat no quiere saber nada... ¿quién quiere que opine?

—Pensaba esto mismo...

—Esta muchacha no parece trivial...

—¿Trivial? ¿Qué quiere decir trivial? Ustedes, los veterinarios, se traen unas palabras que, francamente...

—Una muchacha poco trivial quiere decir que está fuera de lo corriente...

—Pues yo encuentro que todo esto es muy corriente, correntísimo.

—Como quiera, Francisqueta. De toda manera el caso no me parece muy corriente. Hay una muchacha que celebra Pascua antes que Ramos y de repente se presentan dos jóvenes frenéticos...

—Ya lo puede usted decir...

—...y de repente se presentan dos jóvenes frenéticos, en pleno delirio, dispuestos a ojos cerrados a casarse con la muchacha. Todo esto todavía es comprensible, porque siempre puede existir un malentendido. Lo que, francamente, no se explica es que delante de tales héroes, la señorita se mantenga muda y no quiera saber nada. ¿No le parece?

Francisqueta, sentada en una silla, permaneció callada largo rato. Dije al final:

—¿Quiere creer que el caso me interesa? ¿Usted conoce a este Ramón, el leñador?

—Sí, señor. De vista.

—¿Qué quiere decir de vista? ¿Lo conoce o no lo conoce?

—Debo haber hablado con él cuatro o cinco veces. Las personas que servimos no podemos ir a pasar el rato yendo de una casa a la otra hablando con la gente. Debemos estar al pie del cañón de días y de noches. No es necesario hablar más.

—Como quiera. Este cañón, de toda manera, no lo veo en parte alguna; pero, en fin, no reñiremos por tan poca cosa... En fin, vayamos al grano. Delante de un caso como éste, ¿usted qué aconsejaría? Existe Montserrateta. Ante ella se presentan dos jóvenes que quieren casarse con ella, probablemente asistidos

por los mismos derechos. Si miramos el caso atentamente, el mutismo de la muchacha es comprensible.
Existen casos en que siempre resulta un poco difícil
elegir. ¿Comprende? De aquí unos meses la cosa será
más clara probablemente. Hasta ahora resulta indiscernible. Por otro lado, Montserrat es muy joven,
tiene los sentimientos un poco dispersos y corazón
tierno, muy abierto, como una granada; encuentra en
Miquelet unas cualidades y en Ramón otras cualidades de otra clase pero del mismo peso. Así es que la
señorita tiene que elegir y no sabe cómo hacerlo. Ante
sí se presenta un problema difícil de resolver: *l'embarras du choix.*

—Si continúa usando esta clase de palabras me
será, francamente, un poco difícil entenderle.

—Quiero decir que ha de elegir, que ha de escoger, ha de pronunciar: «¡Éste!» Y eso debido al aspecto que la cuestión presenta no es nada sencillo.

—¿Sencillo? ¡Qué quiere que sea! En absoluto sencillo.

—En este caso tendrá que tomar la decisión otra
persona; la señora Elvira, por ejemplo. La necesidad
de casar a la muchacha es evidente. Ahora bien: lo
que le pregunto es lo siguiente: si usted tuviera que
decir una última palabra, si usted fuera la encargada
de decir con quién se debe casar Montserrat, ¿por
cuál se decidiría, por Miquelet o Ramón?

—No; sé, sinceramente, me los tendría que volver
a mirar, ¿no le parece?

—Así, cree que les tendría que dar una ojeada...

—Sí, señor. Los querría mirar muy bien... y quizá
todavía no sabría qué hacer.

—Y en este examen, ¿en qué se fijaría principalmente? ¿Hacia qué lado dirigiría su investigación?

—Creo que Montserrateta se debe casar con el que...

—¿...con el que le guste más? Pongamos por caso que los dos le gustan *ex aequo*...

—¡Qué palabras dice usted tan raras! Con usted no se puede hablar, ya se lo tengo dicho. Me hace perder el hilo de la conversación.

—Pongamos que los dos le gusten con la misma intensidad, con idéntica fascinación...

—Eso es imposible. Siempre habrá uno que le gustará más. Al menos así iban las cosas en mi tiempo...

—De todas maneras, la indecisión de la muchacha no confirma lo que dice. El corazón de las personas jóvenes es complejo y dubitativo.

—En este caso creo que Montserrat se debe casar con el que sea más buen chico.

—¿Usted sabe conocer a los buenos chicos, los sabe distinguir de los que no lo son, Francisqueta?

—En este caso el más buen chico será el que posea más disposición para el matrimonio, el que parezca más resignado ante lo que pueda acontecer.

—Claro... Y de los elementos que tenemos en presencia, ¿cuál le parece más adecuado? ¿Miquelet? ¿Ramón?

—Ya le he dicho que me los tendría que volver a mirar...

—Creo que es urgente que lo haga... ¡Se los mira! Y cuando lo haya hecho volveremos a hablar.

Estaba fatigado. Cené muy poco y me marché a dormir.

XXXVI

AL día siguiente estas noticias empezaron a circular por Torrelles. Circularon deformadas — pues la deformación parece ser el hado fatal de las noticias —, pero no noté que nadie las rubricara con un comentario excesivamente sarcástico o cínico. Circularon indiferentemente como si se tratara de la última subida del precio del arroz o de las judías. Fueron un simple elemento de la conversación rutinaria de cada día.

Sin embargo, en la tarde de hoy se ha producido un golpe de teatro, un golpe de teatro tan sensacional que durante unas horas la calle Estrecha se ha convertido en el centro de toda la curiosidad que segrega el pueblo de Torrelles.

Enriquet, el practicante de la farmacia, se ha presentado a la señora Elvira — para decirlo en pocas palabras — y le ha comunicado su decisión de casarse con Montserrateta cuanto más pronto mejor, si pudiera ser al momento.

El practicante de farmacia es un chico de unos treinta años, lívido, con un aspecto un tanto desnutrido, con un principio de calvicie. Sus amigos afirman que se queja de soledad y de vacío sentimental, de falta de un apoyo, de tener una vida llena de inanidad y de melancolía. Su sobrante cordial no utilizado se pierde inútilmente. Querría tener compañía, querer y ser querido, dar a la propia existencia una rotundidad y una madurez más tensa. Empujado por este impulso corrió hacia Montserrateta cuando Ra-

món el leñador desapareció. Algunos días al atardecer fueron vistos por las calles más o menos céntricas
— y también algunas tardes de domingo, los domingos
alternos, cuando la farmacia no está de guardia. Fué
considerado un poco extraño que una muchacha tan
joven y fresca se dejara acompañar — acompañar sen-
timentalmente — por un joven mayor que ella, amarillo, ligeramente cadavérico. Pero las pobres, en cues-
tiones de amor no tienen precisamente la elección
muy compleja. Más que elegir son más pronto objeto
de elección, para decirlo sistemáticamente.

Las relaciones — al menos las relaciones visibles —
entre Montserrat y Enriquet duraron un tiempo difícil
de precisar exactamente, pero en todo caso no más
de cuatro meses. Actualmente no parecen tener una
forma cualquiera de existencia. Y eso parece ser cierto. Por lo cual se produjo una insólita curiosidad
cuando se vió que Enriquet subía la escalera de casa
la señora Elvira con un aire más decidido y expediti-
vo del que suele adoptar habitualmente.

La señora Elvira estaba en cama como siempre.
Montserrateta, en su trabajo. Cuando Enriquet, después de llamar dos o tres veces se dió cuenta que
nadie le respondía, empujó la puerta ajustada y pe-
netró en la habitación.

Delante de la decaída enferma el aparecido adoptó
un aspecto temeroso, alicortado. La señora Elvira al
ver al forastero quedó tan sorprendida que hasta después de un largo rato de indecisión no le dijo (cosa
que suele ocurrir) la frase más automática de su automatismo coloquial:

—Siéntese... ¿Qué se le ofrece?

En vista de que no se decidía a sentarse, la señora
le dedicó una sonrisa triste (el forastero le había cau-

sado cierta impresión porque iba bien vestido) e insistió:

—Siéntese, ¿qué se le ofrece? Diga...

Con el sombrero en la mano, apenas las nalgas apoyadas en la silla, Enriquet inició entonces una larga narración, un circunloquio que Elvira juzgó extrañísimo. Empezó hablando del vacío sentimental que sentía, de la necesidad imperativa de querer y ser querido, de la inutilidad de su vida. Elvira pensaba: «He aquí otro que se ha vuelto loco, que tendrán que encerrar en la loquería a pesar de ir tan bien vestido. ¿Qué se propone este joven hablando de este modo? ¿Qué significa todo esto que me comunica?»; y la pobre mujer, que hacía tantos meses que no había puesto los pies en la calle, tuvo la sensación de que en el mundo había una clase de personas que eran de otra manera. De repente, encontrándose el joven en plena e ininteligible explicación, la señora Elvira le interrumpió con su voz sorda y monótona:

—Pero, perdone, joven... ¿Usted, quién es?

—Yo soy Enrique Soler, para servirla...

—¿No será el Enriquet de la farmacia?

—Sí, señora; el mismo.

—Usted conoce a mi sobrina Montserrat.

—¡Sí, señora, sí; ya lo creo!

Enriquet pronunció esta última frase más muerto que vivo, con una voz desencajada, la mano detrás de la nuca, encogido como si temiera el golpe indefectible.

La señora Elvira vió venir la catástrofe. Se incorporó penosamente sobre la almohada y dijo severamente:

—Y bien, ¿qué tiene usted que decirme? Hable, hable francamente.

Fué en este instante que Enriquet lo confesó todo, absolutamente todo. Lo hizo con humildad y, sobre todo, con brevedad.

—¿Usted también, Enriquet? — dijo la señora Elvira al oír la terrible declaración con una clara, perpleja, devastada fatiga, dejando caer los dos brazos sobre el cubrecama.

Enriquet consideró la gravedad del momento y tuvo la habilidad de no insistir sobre el pasado. Antes de que la pobre enferma acentuara su abatimiento, declaró sin ambages que su intención era casarse lo más rápidamente posible con Montserrateta. La pobre señora, con aire de desvarío y una voz apenas perceptible, con los ojos cerrados, dijo:

—¿También se quiere usted casar con ella, Enriquet?

—Sí, señora. Después de todo, un mal momento todo el mundo lo puede tener...

—Pero así, ¿cómo se ha de arreglar todo esto...? ¿Quiere hacer el favor de decírmelo? — preguntó la enferma con el mismo aire de irrealidad y de fatiga.

—¿Cómo se ha de arreglar? Es muy sencillo...

—¿Muy sencillo dice? ¿Dice que es muy sencillo?

—Claro. Se ha de arreglar casándonos... y nada más.

—«Casándonos y nada más»... ¿Quiere decir que no se ha vuelto loco usted, Enriquet? — añadió como si divagara la señora Elvira.

—Señora, le hablo con toda buena fe.

—¡Buena fe... buena fe...! ¡Qué es eso de la buena fe? ¿Usted también es un hombre de buena fe? Todos se ve que van con buena fe, pero los resultados...

—¡Señora, cálmese! — dijo Enriquet con un gesto de ternura, dando un paso hacia la enferma —. Cálmese. Está muy fatigada. Descanse un poco.

La señora Elvira levantó pesadamente la mano e hizo un gesto como si alejara de su vista una visión desagradable. Después quedó inmóvil con una actitud de ausencia absoluta, rígidamente horizontal en la cama.

Enriquet permaneció un largo rato de pie en medio de la habitación con una expresión estólida, mirando a las cosas y no viendo nada, sin saber qué hacer. Se sintió terriblemente solo, desvalido, deprimido... y en un momento determinado se encontró un poco ridículo. Siempre que se consideraba solo y ridículo se excitaba en él el sentimiento de la ternura — la titilación del corazón. Cerró un momento los ojos, sintió un poco de frío en la espalda... y vió a Montserrateta. La visión de la muchacha en aquella casa tan pobre, bajo el techado deforme y abollado, entre aquellas paredes misérrimas — con el retrato de aquel hombre que parecía sufrir —, le produjo una satisfacción morbosa e intensa.

En aquel momento se oyó que alguien subía la escalera — el ruido, en los peldaños, de los zapatos de tacón alto de Montserrateta. Al penetrar en la habitación y darse cuenta de la presencia de Enriquet, Montserrat dibujó una débil sonrisa totalmente convencional y dijo en voz baja:

—¡Hola!

—¡Hola! — contestó Enriquet.

Montserrat se sentó en la silla frente a la ventana, puso su mano derecha encima la rodilla y dirigió su lenta mirada a sus uñas brillantes, sin decir nada. Enriquet continuó en pie, con el sombrero en la mano, encorvado, en el centro de la habitación. Entonces intentó mentalmente iniciar una conversación, articular alguna palabra; pero todo lo que sucesivamente se le ocurrió consideró necesario reprimirlo. No fué por cálculo que entendió que debía hacerlo. En realidad estaba inundado de ternura y cordialidad, pero no sabía por dónde empezar ni cómo conseguir una cierta coherencia.

Así pasó un largo rato entre el imperioso deseo de decir alguna cosa y la imposibilidad de hacerlo.

Sentada en la silla, a contraluz de la ventana — a través de la cual se veían los tejados de color albaricoque de las casas vecinas —, Montserrat tenía un aire incierto, pasivo, ausente. No se le ocurrió ni por un instante hablar con Enriquet. Toda su atención parecía concentrada en las uñas de su mano derecha.

Llegó un momento en que la confusión mental inextricable que reinaba en el espíritu de Enriquet, el sentido del ridículo desplazó francamente la ternura. Comprendió de repente que la situación era insostenible. Enderezó la espalda y la cabeza. Dar el primer paso le costó un poco. Un momento antes había tenido la sensación de estar clavado en el suelo. Los demás pasos ya le costaron menos. Se dirigió a la puerta.

—¡Adiós! — dijo al pasar por delante de la ventana.

—¡Adiós! — contestó Montserrateta, con una voz de indiferente distracción.

XXXVII

Francisqueta me esperaba con las cejas puestas en acento circunflejo. Con un aire compungido, pero saturada de satisfacción, dijo cuando llegué a casa después de la visita:

—¡Por ahora ya van tres…!

Encontré la reticencia intolerable. Francamente grosera. No contesté nada. Pero sin duda consideró que este mutismo era una muestra de asentimiento, porque añadió:

—Unas tienen pocos y otras demasiados. El mundo está mal distribuído… Yo me pregunto lo que debe pensar de toda esta abundancia la pobre señorita Remedios, como usted la llama, ella que encuentra el mundo tan desolado y tan seco…

—Francisqueta, por favor, ¡no siga! No son cosas de broma, ¿comprende? ¡Basta ya, le digo!

—Sí, señor, sí: ¡no son cosas de broma ni mucho menos! —dijo volviendo a la compunción hipócrita del primer momento.

Pero fué una pausa muy corta. ¿Quién la hubiera podido contener? El encabritamiento de su curiosidad es como un caballito juguetón e indomeñable. Rompe las bridas. Como persona dominada por estas tendencias a menudo se lo armaba todo ella misma. Lo que ignoraba lo inventaba francamente. Lo encontraba naturalísimo. En este caso la cocinera pisaba un terreno muy sólido. Esta solidez provenía de una fuente directísima. La señora Elvira decía a cualquiera que la quisiese escuchar, que Francisqueta era la persona más chismosa de Torrelles. Pero, sin embargo, no pasaba día sin que no sintiera la necesidad de hablar con ella, que no la reclamara. La cocinera aprovechaba cualquier pretexto para declinar la invitación de subir al piso. El interés de la enferma aumentaba en la proporción correspondiente. Francisqueta al fin acudía con un aire de mal humor, como si cumpliera una obligación desagradable, diciendo a todo el mundo:

—La señora Elvira me ha enviado a buscar. Debe creer que no tengo nada a hacer... ¿Qué debe querer de mí esta enfermiza?

Era un juego mezquino, absurdo, ridículo.

Aquella tarde Francisqueta había sido llamada. Había acudido de mala gana, pero con la vidriosa curiosidad de siempre. La señora Elvira con trabajos, fatigadísima, le explicó los últimos acontecimientos que ahora la cocinera pugnaba por contármelos a mí.

Cuando Francisqueta se encontraba dominada por este impulso descuidaba notoriamente sus obligaciones. Los alimentos que manipulaba no estaban nunca en su punto, casi siempre estaban fríos; los presentaba a deshora y de cualquier manera. Un día le hice una pequeña observación. Se enfadó notablemente. Puso las dos manos en la cintura y adoptó un semblante impertinente y atrevido:

—¡Se ha olvidado de poner sal a la verdura, Francisqueta! —le dije—. Todo está absolutamente insípido. Además está frío... Si la he de creer, usted siempre se encuentra al pie del cañón. Se encuentra de noche y de día. ¿Quiere hacer el favor de decirme a qué cañón se refiere usted? Esta verdura está incomestible, está hecha pensando en otras cosas, con la mente en las quimbambas...

—Señorito, usted exagera...

—No me haga reír. Lo puede ver usted misma...

—Usted, señorito, sólo piensa en comer. Es un golosazo.

—No diga tonterías, por favor...

—Ya lo dijo el otro día el señor cura en el púlpi-to: usted es un materialista.

La desviación me hizo mucha gracia, pero pude contenerme. Le pregunté:

—¿Qué quiere decir materialista, Francisqueta?

—No lo sé. Ahora todo el mundo habla de eso, lo he oído decir. ¿Qué quiere que sepa, pobre de mí?

Durante los días siguientes la cocinera mejoraba las vituallas y la alimentación, pero cuando se encontraba de nuevo dominada por alguna cosa que fascinaba su curiosidad la cocina se resentía de nuevo. Desde el día en que empezó el asunto de Montserrateta la cali-dad de su trabajo había entrado en una deplorable decadencia.

Ahora les haré un resumen de lo que Francisque-ta me contó aquella noche — un resumen muy breve.

Después que Enriquet salió de la habitación de la señora Elvira, ésta despertó del marasmo en que se encontraba sumida. Descubrió a Montserrateta sen-tada en la silla de la ventana y le invadió una pasión de rabia y desprecio. «Créame que si hubiera podido valerme — dijo a la cocinera — la hubiera hecho a trizas». Se encontraba, sin embargo, tan deprimida y angustiada, tenía la cabeza tan débil que apenas tuvo fuerza para hablar. Si lo hizo fué porque le pareció que el tiempo apremiaba. La indiferencia con que su sobrina parecía considerar la situación la mantenía en un estado de malestar y de pena. Era una indife-rencia vegetal, profunda, típicamente juvenil — de la persona que ha cometido un desastre inconsciente y no viendo manera humana de poner remedio se abandona a la corriente.

—Y bien, ¿qué debemos hacer? ¿Quieres hacer el favor de decírmelo? —preguntó débil, pero severa, la enferma.

—¿Y qué quieres que diga, tía?

—¿No saldrá nadie más?

—No, tía.

—Enriquet también se quiere casar contigo. Los tres se quieren casar... ¿Y tú qué dices?

—Yo, nada.

—Pero tú debes quererte casar con uno u otro supongo...

—Sí, tía.

—¿Y con quién quieres casarte? Explícate...

—No lo sé.

—Pero, desventurada, si tú no lo sabes, ¿quién lo ha de saber?

—Usted misma...

—¿Qué quiere decir usted misma? ¿Es que yo tengo que decir con quién te has de casar?

—Sí, tía.

—¡Esta sí que es buena! ¿Desvarías o qué? ¿Qué quieres que yo diga? ¿Qué sé yo de toda esta vergüenza en que nos encontramos?

—Usted misma...

—Pero eres tú quien te has de casar, ¿comprendes?

—Sí, tía.

—De estos tres bigardos, ¿cuál te gusta más? ¿A cuál prefieres?

—¿Qué quiere que le diga?

—¡Responde!

—No sé...

A pesar que la conversación se iba volviendo a cada momento más automática, la señora Elvira daba muestras de un cansancio creciente. Montserrateta respondía mecánicamente, sin desviar la mirada de un punto fijo: de las uñas de la mano o de los tejados que se veían a través de la ventana. Parecía que nada la habría podido mover de su ausencia vegetal, pasiva. Su tendencia a responder de una manera rápida y fría, casi monosilábica, exasperaba a la señora Elvira. Independientemente de la curiosidad y sufrimiento que le producía la situación creía ser merecedora de una explicación más detallada, más correcta.

La displicencia, al menos aparente, de la muchacha, la molestaba profundamente.

Pero quizá la señora Elvira fuera algo injusta al calibrar el estado de espíritu de su sobrina. Montserrat se mantenía fría y aparentemente serena, pero quizá esta apariencia no era nada más que un esfuerzo para disimular una gran confusión, una bizantina situación interna.

Se produjo una larga pausa que la enferma rompió con una voz muy débil.

—¡Mañana todo ha de quedar arreglado! ¡No podemos pasar ni un día más!

—Sí, tía.

—Te lo pido por última vez. Di lo que tenemos que hacer.

—Ya se lo he dicho: usted misma...

—¿Eso es todo lo que tienes que decir?

—Sí, tía.

—¿Te conformarás con todo lo que yo haga? ¿No saldrás luego con una pata de gallo?

—No, tía...

—Mira que esto es muy grave, que me has hecho

caer la cara de vergüenza, que no puede durar ni un momento más...

—Ya lo sé.

—¿Estamos entendidos?

—Sí, tía.

—¿Ya hierve la leche?

—Voy a verlo.

—Si ha hervido, tráemela en seguida.

Montserrat bajó la escalera y se dirigió a la cocina para traer el vaso de leche a su tía.

Al llegar a este punto de la narración Francisqueta se animó repentinamente y me dijo:

—Casi le podría asegurar lo que hará la pobre señora Elvira.

—¿Qué le parece que hará?

—Llamará al señor cura, porque Elvira es una persona de creencias y le dirá que todo lo que él haga lo dará por bien hecho. El señor cura es muy buen hombre y si él no lo arregla...

—La solución me parece buena...

—Buena, buena... Es la única posible... ¡Pobre señor cura! ¡Nunca se habrá visto en un berenjenal así!

—¿Y usted cree que Montserrat aceptará todo lo que le digan?

—¡Sólo faltaría! ¿Aún quiere usted que arme más líos esta mosquita muerta? ¿Dónde se ha visto cosa igual? Si no lo acepta, tendrán que encerrarla, créame!

—Y los jóvenes, los tres jóvenes, ¿qué dirán de todo esto? ¿Ya se los ha vuelto a mirar, Francisqueta? ¿Qué le han parecido? ¿Los ha encontrado realmente hermosos?

—¡Valientes animalotes! ¡No creo que se pudiera

encontrar en parte alguna una chusma como ésta!
¡Ave María Purísima!

—¡Qué quiere que le diga! Después de todo no
han rehuído la responsabilidad; son muy valientes...

—¡Por eso le digo! ¿Dónde se han visto tantos
badulaques juntos? ¡Virgen Santísima! El Enriquet
dice que siente un vacío... El leñador debe ser un nos-
tálgico de bosque y de pinar... El Miquelet es un pobre de espíritu... ¿Dónde se ha visto una tropa semejante?

—¡Cálmese, Francisqueta!

—¡Sí, cálmese! Quien debiera haber tenido un
poco de calma es la señorita, ¿no cree usted?

—No quería decirle esto...

—Ya lo sé, pero no puedo contenerme, ¿me entiende? Esto pasa ya de castaño oscuro. Nunca se había visto cosa semejante... Y le diré: creo que estos
hombres, Enriquet, Miquelet, Ramón el leñador, quieren salir mal parados, con las manos en la cabeza... Y
digo que quien se case con ella, sea quien sea, ya puede poner las barbas en remojo...

—¡Bah, bah!, no haga profecías. ¿Cómo está la
cena, Francisqueta-

La pregunta le sorprendió. Hubiera sido completamente arbitrario suponer que la cocinera se acordaba
de la cena. Estaba totalmente obsesionada por aquel
asunto. No pensaba en otra cosa. No vivía para nada
más. Adiviné un porvenir inmediato indudablemente
incierto. Me aguardaba una cena afectada por los es-
tropicios de Montserrateta. Pero, ¿es que podía hacerse
alguna cosa? Todo lo que se hubiera intentado para
restablecer la situación habría sido inútil. Examinada
fríamente, aquella mujer resultaba algo tiránica y bastante incómoda. Era un verdadero incordio.

Mientras esperaba la cena, medité un instante sobre aquel delirante *imbroglio*. El interés que suscitaba en Torrelles había crecido, durante las últimas horas, considerablemente. La gente aceptaba a dos pretendientes con una leve sonrisa. Pero tres era considerado ya excesivo. La solución que según la cocinera se daría al problema me pareció lógica. De todos modos, lo que yo no veía con claridad, en el caso de que Montserrat persistiese en la indiferencia de los últimos días, era qué criterio adoptaría el señor cura para decir: «¡Ha de ser éste!». La cuestión presentaba sin duda muchas facetas oscuras y probablemente no sabíamos de la misa la mitad. Podían seguirse, naturalmente, muchos criterios. ¿Pero, por cuál se decidiría el señor cura? Es un poco difícil imaginarlo. El problema es pasablemente tétrico, siniestro, pero no deja de ser curioso, singularísimo.

XXXVIII

AL día siguiente por la mañana Francisqueta llegó al piso hacia la una, muy emperifollada y robusta, con unos vestidos de un negro reluciente que la solemnizaban hasta a un extremo francamente risible. Esgrimía en la mano un pequeño portamonedas de cuero negro, pasado de moda. En la cocina, a pesar de la hora avanzadísima todo era una pura utopía; pero al verla tan contenta, tan importante y tan antigua, me cayó en gracia y no dije nada.

Llegó resoplando y se veía que había tenido una mañana muy llena. Al llegar se dirigió al comedor, y tomó asiento en una silla. Con las dos manos se arre-

gló el moño, que le caía un poco de lado. Después se
alisó las faldas y la chaqueta. Las imágenes de la infancia me volvieron a la memoria, precisas.

—Señorito — proclamó para empezar —, le pido
que me perdone. Vengo de la rectoría. ¡Sí, de la rectoría! La señora Elvira me llamó muy de mañana.
Me dijo que no había podido pegar ojo en toda la
noche, pensando con quién debía encargarse el arre-
glo de la cuestión. Estuvo dudando en hablar a Cotoliu, el propietario, ya que con Cotoliu son parientes
lejanos y es hombre de mucho peso, o con el doctor
Roig, que es el médico que la señora Elvira ha tenido
toda la vida y es respetado por todo el pueblo. Después de pensarlo mucho, se decidió por el señor cura,
porque ya le dije que es persona de creencias. «¡Francisqueta, hija! — me dijo —. Ya sabe que no puedo
valerme, ¡pobre de mí! Si pudiera, de otra manera
la pasaría esta gata maula, ya se lo aseguro yo. Por
otro lado no me atrevo a pedirle al señor cura que
venga aquí. Bastante hará si me quiere ayudar un
poco. Además, estos señores siempre tienen trabajo, no
pueden dar abasto, ¿comprende? Sí, Francisqueta, tendría que ir a la rectoría de mi parte y pedir por mosén
Frederic que es el señor cura.» «Pero de qué quiere
que le hable, tonta de mí, al señor cura?», le dije.
«¡Déjeme decir, no se precipite, Francisqueta! Cuando esté delante del señor cura le ha de explicar lo que
ha pasado a la muchacha y pedirle consejo. Mosén Frederic no se lo negará porque es muy buen hombre, un
santo varón. Le tiene que decir que Montserrateta está
dispuesta a casarse con el que diga el señor cura, que
el asunto es urgente y no estamos para hospicios. Después le ha de decir que los tres zánganos están dispuestos a casarse con Montserrateta, que son tres bue-

nos chicos y que él ha de decir cuál de estos tres
zánganos debe casarse con ella, pues lo que él diga se
hará al pie de la letra. Eso, Francisqueta, es tan cierto
como la luz que nos ilumina. Añade que esto es un
favor que no le podremos pagar nunca más y toda la
salsa que usted ya sabrá poner. Piense, Francisqueta,
que estoy enferma, que no puedo dar ni un paso, que
esta mocosa me llevará al cementerio.» La señora Elvira se puso a llorar y yo quedé muy afectada, francamente. No puedo ver llorar a nadie. Delante de esta
catarata de lágrimas y de sollozos, el corazón se me des-
garraba y dije a Elvira que podía contar conmigo, que
estaba dispuesta, después de vestirme con la ropa buena, a ir a la rectoría. Cuando oyó estas palabras se
acercó tanto para agradecérmelo al lado que yo estaba, que estuvo a punto de caerse de la cama. «¿Te
pondrás el vestido bueno, Francisqueta? — dijo —.
¡Ah, cómo te lo agradezco!» Entonces vine aquí, me
cambié de vestido y hacia la rectoría falta gente. Al
llegar, el ama me dijo que tendría que esperarme bastante rato, porque se celebraban unos solemnes fune-
rales, que después el señor cura tendría que desayunar
y, luego, yo qué m sé las cosas más. Decidí esperarme
tanto rato como fuera necesario, porque Elvira se merece eso y mucho más y hubiera sido ridículo, llevando ya
el vestido bueno, volver a sacármelo, total para esperar
sentada en una silla una hora o una hora y media. El
ama me hizo pasar al recibidor y estuvo acompañándo-
me largo rato. Como que tanto ella como yo habíamos
ya desayunado y en realidad no teníamos nada que
hacer (ante esta palabra ella y yo bajamos pudorosa-
mente la vista), empezamos a charlar y el tiempo nos
pasó volando. ¡Cómo pasa el tiempo, señorito! Salimos a hablar del hecho ocurrido en la calle Estrecha

y me dijo que el señor cura estaba muy disgustado, que la cosa colmaba la medida y que estaba dispuesto a acabar con el barullo en seguida. «El señor cura — añadió la señora — es un santo hombre, es más bueno que el pan, pero a veces se enoja y entonces pica como una avispa.» Escuché estas noticias con mucha satisfacción, porque lo que yo temía era que el señor rector me enviara a paseo. Hasta cerca de las doce no me pudo recibir. Me hizo pasar a su despacho y cuando oyó que venía de parte de la señora Elvira se puso de todos colores y las manos le empezaron a temblar como si se hubiese vuelto perlático. Le expliqué las cosas de la mejor manera posible y me pareció que se calmaba un poco cuando le dije que todos estaban muy bien dispuestos a arreglar las cosas del modo que él creyera más conveniente. Me puede muy bien creer: cuando terminé la explicación me encontraba más muerta que viva. Suerte que de cosas así, sólo pasan una vez en la vida. «¿La muchacha se quiere casar?», preguntó en seguida el señor cura. «¡No faltaría otra cosa!», le dije. «Y estos hombres, ¿qué quieren hacer?». «Los tres se quieren casar. Así lo van diciendo a todo el mundo.» «¡Pero eso no puede ser, Francisqueta! Esto es una locura...» El señor cura tiene ya muchos años, pero cuando pronunció estas palabras estaba rojo como una cereza, indignado, enfadadísimo. Yo intentaba poner buena cara, pero temblaba como la hoja de un árbol. «He aquí lo que trae hacer favores a los demás...!», decía para mi capote. «Sí, señor, esto es una locura, pero las cosas son tal como se las digo». «Y la muchacha, ¿con quién quiere casarse?», me preguntó en seguida. «La muchacha se casará con el que usted diga y eso es tan cierto como la luz que nos ilumina, según me ha encargado que se lo dijera la señora Elvira». Mosén Frederic me miró un momento, hizo unos movimientos con la cabeza y aunque no dijo nada comprendí que a su entender todo aquello era algo demencial. El señor cura estuvo un largo rato sin decir nada. Al fin habló: «De todas formas eso se ha de arreglar rápidamente, sea como sea. Usted, Francisqueta, ¿cómo lo ve? ¿Qué haría?» Estas palabras las dijo con mucha suavidad, con mucho cariño... «¿Quiere usted creer que es un caso como una catedral? — y añadió —: Usted, ¿qué haría?». «Yo, señor cura, diría: —Monserrateta, cásate con éste... y listos!» «Pero éste que dice usted, ¿quién ha de ser? ¿Fulano, Zutano o Menganito? Usted conoce a estos jóvenes. Yo apenas si les conozco de vista. De los tres, ¿cuál cree que sería el más indicado para casarse con la señorita?» «La señorita es una pájara pinta, mosén Frederic», le dije. «De eso ya hablaremos en otro momento, si Dios quiere. Lo que yo le pregunto, cuál es a su modo de entender de los tres el más indicado para casarse con la sobrina de la pobre señora Elvira. Si ella estuviera aquí la pregunta se la haría a ella. Como que no está, se la hago a usted.» «¿Quiere que se lo diga, señor cura? Los tres están bien dispuestos, los tres son unos pasmarotes parecidos.» «¡Muy bien! Pero le vuelvo a preguntar: de los tres, a la muchacha cuál le convendría más?» «La muchacha se casará con el que usted le diga. Es usted el que lo ha de decidir. ¡No se lo tome usted a mal, mosén Frederic! No crea usted que se trata de cargar el mochuelo a uno, ¡no! Eso de ninguna manera...» «¡Bien! —dijo el señor cura levantándose de la silla —. Diga a la señora Elvira que tenga resignación, pero que una pregunta de esta naturaleza no se puede contestar en seguida. De todas maneras, como que la cuestión no tiene espera, yo ya

miraré cómo están las cosas y si están tal como usted
dice, pasado mañana tendrá mi respuesta. Y cuando
la tenga ya sabe lo que le toca: a la iglesia, guapo,
guapo.» «¡Sí, señor, sí! Yo también soy de su parecer: guapo, guapo!» «Así, pues, ya sabrán de mí...»
Para cuando llegara este momento, yo tenía preparada
aquella salsa de la que me había hablado Elvira. A mí
siempre me ha gustado quedar bien. Pero lo cierto es
que no tuve tiempo de decir nada más. El señor cura
me dijo: «¡Buenos días! ¡Adiós!», y cerró la puerta.
Y eso es todo lo que ha pasado en la rectoría. ¡Ya le
aseguro yo que ha sido una buena mañana! ¡Que no
me venga con más pamemas esta plañidera de Elvira!
Si se tuviera que hacer caso de la gente no se acabaría jamás nada... ¡Qué chusma, válgame Dios!

—Y sobre la comida, Francisqueta, ¿cuál es su criterio? Le agradecería que me hablara francamente.

—Ya comprenderá que con esta ropa no puedo entrar en la cocina. Tengo que ir a cambiarme, ¿comprende?

—Sí, señora, la comprendo y hasta me parece que
el cambiarse de ropa le duele un poco. ¿Verdad que
le duele un poco?

—Sí, francamente; a usted ya se lo puedo decir.
¡Se está tan bien dentro de este vestido! Hace más
de tres años que no me lo había puesto, porque ya no
tengo humor para nada...

. —De todas maneras, una cierta idea sobre la comida bien la debe tener, ¿verdad, Francisqueta? Piense que esta mañana he andado seis o siete kilómetros
a pie por las masías...

—¡Usted, sólo piensa en comer...! —respondió co-
lérica, levantándose de la silla—. ¡Usted es un materialista!

Y mientras salía del comedor, levantando los brazos en actitud de pedir clemencia al Cielo, añadió:

—¡Ay de los pobres que tenemos que servir!

XXXIX

AL llegar a la farmacia vi que Enriquet no estaba detrás del mostrador, cosa que me extrañó, porque al boticario le gustaba trasnochar y encontraba las mañanas intempestivas. El boticario había tenido que encargarse del trabajo y lo iba realizando con cara de pocos amigos, sin afeitar, un ojo medio cerrado y la piel muy amarilla. Me dijo que Enriquet había sido llamado en la rectoría. Añadió que estaba realmente saturado de las distracciones, desviaciones, pérdidas de tiempo y otras complicaciones que sobre el sensorio de su practicante proyectaba la señorita de la calle Estrecha y que la cosa no podía continuar ni un día más. Cuando el exabrupto hubo terminado, inició un retrato de su practicante, refiriéndose sobre todo a su más acusada característica, característica que definió de recalcitrante badulaquería. El retrato prometía mucho, porque el boticario era cáustico y la observación le entusiasmaba, pero tuvo que ser interrumpido en sus inicios por la entrada de Enriquet en la trastienda. Mientras el practicante, mustio y alicaído, se sacaba la americana para ponerse la bata de servicio, el boticario le interrogó con su habitual contundencia:

—¿Cómo ha ido eso, Enriquet? — le dijo.

—Me ha sermoneado fuertemente, pero con tacto.

—¡Se merecía mucho más! ¡Mire que un hombre como usted...! En fin... Y después, ¿qué?

—Luego hemos hablado extensamente de mis medios de vida...

—¡Ah!

—Sí, señor. Lo ha querido saber todo: lo que ganaba, lo que gastaba, lo que podía necesitar, lo que necesitaba para vivir una familia en Torrelles...

—Es curioso, y no se puede negar que está bien pensado... Y usted, ¿qué ha dicho? ¿Sigue aún emperrado en sus trece?

—Sí, señor.

—¿Quiere casarse efectivamente con ella? ¿No le da miedo? ¿Nada piensa de estos otros tipos que quieren meterse en esto?

—Bah... Son unos exagerados. Éste es un país de exagerados y de charlatanes, que sólo tienen lo que dicen tener. También usted lo sabe... Ya que no puedo matarles, debo dejar que hablen.

—Sí, sí, como quiera...

—En todo caso, la muchacha me quiere a mí...

—¡Pues no es poco, Enriquet, no es poco...!

—Lo es todo, ¿no cree usted?

—Sí, sí, probablemente.

Oímos que se abría la puerta de la farmacia, y Enriquet se dirigió al mostrador. Me despedí del boticario. Me estrechó la mano, poniendo los ojos en blanco, y levantando las cejas con una actitud suplicante y grotesca.

Al pasar por la calle Mayor, camino de mi casa, vi a Francisqueta que deambulaba de tienda en tienda, hablando con la gente. En Torrelles, para ir a la rectoría, se pasa generalmente por la calle Mayor. Francisqueta estaba notoriamente pendiente del movimiento de la rectoría. Me descubrió y trató de ocultarse, pero después lo pensó mejor, sospechando probablemente que yo la había visto. Se me acercó con un aire deprimido, pero con aquel resplandor en la piel y aquella avidez característica de los curiosos. Sin poder contenerse, empezó diciendo:

—Ahora ha salido Ramón el leñador... pero no he podido hablar con él.

—Qué lástima, ¿verdad?

—Parecía alegre, y con las orejas tiesas. Puede imaginarse que ha recibido su ración.

Francisqueta estaba totalmente obsesionada por el asunto y mientras hablaba conmigo movía los faroles de sus ojos de un lado para otro, vigilando al mismo tiempo el movimiento de la gente que pudiera ir a la rectoría. No había nada a hacer. Era una fascinación. Lo más prudente era dejar que se divirtiera, que la saturación se fuera diluyendo poco a poco.

—De todos modos, Francisqueta, supongo que piensa en la comida...

—Todavía es pronto, señorito. Acaban de dar las once.

—Sí, pero el tiempo pasa volando.

—Dígamelo a mí...

—Mire, ahora llega Miquelet... Debe ir a la rectoría.

La dejé plantada en plena calle, con los ojos fijos en una forma humana que se movía a lo lejos, frente a la fachada de la casa rectoral.

Subí un momento a casa y después a pie como siempre — pues no dispongo de la tartana que utilizaban los antiguos veterinarios — fuí a hacer las visitas. Cuando volví al piso a la una, Francisqueta no había regresado todavía. En la cocina había una olla

con agua encima de un fogón apagado. Las cosas iban
entrando en un abandono y una decadencia implaca-
bles. Me senté en el sillón dispuesto morosamente —
una morosidad alternada con momentos de indignación — a esperar.

Francisqueta llegó cerca de las dos, fresca como
una rosa, exaltada. Cuando me vió dijo, gritando como
una chiquilla que os enseña el juguete que los Reyes
le han traído:

—¡He hablado con Miquelet! Esto se acaba, señorito, esto se acaba...

—¡Venturoso el día que estará acabado!

—Pero, cuando estará acabado, ¿qué haremos para
pasar el rato? ¿Quiere hacer el favor de decirme qué
haremos en Torrelles para pasar el rato? Usted es un
niño. Todavía no comprende que la única manera de
vivir es pasar el rato de un modo distraído, de una
manera u otra. En la ciudad, y usted también, señorito, creen que vivir consiste en pasar el rato haciendo
cosas desagradables, yendo de un lado para otro lado
todo el día como insensatos, diciendo simplezas que
creen que son importantes. ¡Qué niñería! No en-
tienden nada. Son unos pretenciosos. Cuando sea más
mayorcito ya me lo explicará...

—Se lo haré saber por carta...

—Por carta o por telegrama. Otros más altos caen.

Aquella mujer me desarmaba.

—Sí, otros más altos caen... — repitió Francisqueta
y añadió sin solución de continuidad —: y ahora le
contaré lo que hemos hablado con Miquelet saliendo
de la rectoría. Después le solucionaré la comida en un
santiamén. El muchacho se ha presentado en la rectoría vestido de bailarín de Fiesta Mayor, porque en
este mundo todos quieren dar gato por liebre e im-

presionar y ha salido con el rabo entre piernas; mosén
Frederic le hizo un discurso que lo dejó anonadado.
De este sermón el pobre Miquelet todavía se resentía
y parecía deslomado. Pero yo encuentro que el señor
cura hizo santamente; porque, ¿quiere hacer el favor de decirme a dónde iremos a parar? Luego le
preguntó de qué vivía, qué ganaba, con qué podía
contar para mantener a una familia en Torrelles, en
los tiempos actuales, que son tan ásperos... Todas estas preguntas yo las encuentro francamente un poco
extrañas, porque, ¿qué relación puede existir entre
una cosa y la otra? Sea como sea, los curas se las piensan todas y siempre llevan una intención en la cabeza.
«¿Y de la boda no han hablado?», le he preguntado.
«Sí, señora, sí». «¿Y tú qué has dicho?» «Le he dicho
que había dado mi palabra y que aunque yo fuera un
pobre, la palabra la mantenía». «Así, pues, tú, Miquelet, crees que ante Monserrateta eres el amo?» «¡Y
tanto que lo creo! —ha replicado el mecánico con los
ojos en blanco y aspirando largamente el cigarrillo—.
La muchacha está por mí y sólo por mí. ¿Qué ha creído usted?» «Y estos otros animalotes no te dicen nada,
¿no te dan miedo?» «Miedo, ¿de qué? ¿Qué miedo
quiere que les tenga? Son unos infelices, unos desgraciados que sólo charlan. Sólo palique, ¿comprende?
Todo labia. ¡La Montserrat está por mí, me quiere y
eso me consta! A mí la muchacha me gusta. ¿Qué le
vamos a hacer si me gusta?» «En vista de todo eso...
muy bien, Miquelet, muy bien... Ya sabes que a mí
me importa un comino, pero, ¿quieres decir que no
deberías pensarlo? A equivocarte siempre estarás a
tiempo.» «¡No, señora! Sé perfectamente lo que me
hago y si quiere saber más vaya a Salamanca.» De esta
manera terminó la conversación con Miquelet, pobre,

¡lo compadezco! Y ahora ya ve cómo están las cosas.

—Ahora tendríamos que mirar de saber cómo está la comida.

—¿Qué debe tener, señorito, esta muchacha? ¿Qué debe tener? Es inexplicable.

—De estas cosas, ¿no le parece?, vale más hablar después de comer. En ayunas son, como usted decía ahora mismo, inexplicables...

—¡Qué ceguera, Dios mío, qué ceguera! —dijo la cocinera levantando los brazos—. Y, bien mirado era por muy poca cosa.

—Le repito, Francisqueta, que antes de comer ni usted ni yo entenderemos nada. Ya hablaremos después de comer el queso.

Todavía costó un poco arrancarla de la silla, pero por fin se dirigió a la cocina con un aire muy desinflado y perplejo.

XL

La decisión del señor cura no se hizo esperar. Mosén Frederic dijo que Montserrateta se casaría con Ramón Farnés, el leñador.

Tanto Montserrat como la señora Elvira aceptaron la sentencia con una perfecta corrección, sin formular la más leve observación. La gente de Torrelles encontró que era un poco difícil comprenderla, pero nadie intentó saber por qué razones el señor cura se había inclinado por Ramón con preferencia a los demás. La gente acomodada había creído que el que pagaría los platos rotos sería el mecánico, en virtud probablemente de la diferencia de clases. En cambio, los pobres se habían imaginado que los platos los pagaría el practicante de la farmacia, porque era de los tres el que iba mejor vestido y de mejor apariencia. En cambio, se había creído que el leñador haría en el asunto el papel que suelen hacer los leñadores en la vida: o sea un papel sin importancia.

La curiosidad cedió. La chismorrería se evaporó. El orden fué de nuevo establecido en las casas. En el piso, las comidas volvieron a presentarse a la hora y con la simple discreción de antes.

De todas maneras, Francisqueta quedó todavía muy ensimismada en las consideraciones que el señor cura había podido tener en cuenta para decidirse en los términos que acabamos de exponer. En el fondo ella también había apostado a favor — o sea en contra — de Enriquet, porque lo consideraba el más predestinado.

—Yo no digo nada — decía —, porque para mí todo lo que haga el señor cura estará siempre bien hecho y bien dispuesto. Ya lo decía el señor Roig, el abogado, cuando yo servía en su casa: «Los curas, hija, siempre llevan una idea en la cabeza». Me guardaré mucho, pues, de encontrar en lo que ha hecho pelos y señas. Ahora bien, yo querría explicarme en qué situación han quedado los otros dos belitres. Por un lado...

—No se preocupe, Francisqueta, déjelo estar... ¡Délo por acabado!

—De un lado me parece que han quedado bien, sobre todo pensando en el mañana; pero por otro me hace el efecto que han quedado muy desairados...

—Son desaires que ni con dinero se pondrían comprar.

—Todo lo que usted quiera, pero un desaire siem-

pre es un desaire. Se querían casar con ella; alguna
razón debían tener cuando se querían casar...

—¡Vaya usted a saber! Quizá no tenían ninguna.
Quizá sólo soñaban. Estas cosas son imposibles de
razonar.

—De todas maneras el señor cura no se ha decidido
a tontas y a locas... Alguna cosa debe haber pensado.
Este curita se ha salido de este asunto mucho mejor
de lo que creía... Nunca lo hubiera pensado. Cuando
en la rectoría le dije que no lo cargaríamos con la responsabilidad, es que estaba segura de que ya la llevaba encima perfectamente atada.

—Francisqueta, es ya hora de callar. Sus palabras
son vanas. No se preocupe más. Pasados unos días sabrá perfectamente por qué razones el señor cura ha
decidido que Montserrat se case con el leñador. Para
usted estas investigaciones no tienen secreto. Usted
es un as.

Los elogios, aunque fueran demasiado subrayados,
la satisfacían notoriamente, pero la desbarataban. Le
hacían perder el hilo de la vanidad. Estaba tan acostumbrada a los juegos de la humanidad, a pronunciar
los mayores desatinos, a decir las palabras más direc-
tas en nombre de la modestia y de la aparente necesidad de ser perdonada que en seguida que el juego se
le descubría quedaba descompuesta.

—Usted sí que... — exclamaba para salir del paso.
— A usted sí que le calienta el buen sol. ¡Mire que
decirme que yo soy un as! ¡Qué cinismo!

En todo caso la curiosidad quedaba colapsada.

Hace un momento he dicho que la población de
Torrelles aceptó la decisión sin comprenderla, pero sin
la menor displicencia, a gusto. En este sentido se habló
del asunto al menos dos días. Se formularon toda clase

de conjeturas. Cada uno dijo su opinión. El hecho de que por una especie de milagro, los protagonistas, todos los protagonistas del drama, se hubiesen mantenido en un terreno de absoluta discreción, excitó todavía más la curiosidad general. Es muy posible, por no decir seguro, que todas las personas que desempeñaron un papel fueran invitadas de una manera más o menos maliciosa a rebelarse contra la sentencia. Pero esto no se consiguió. La decisión fué aceptada y positivamente asimilada. Por eso aumentó la curiosidad alrededor de una decisión que los hechos demostraron estar perfectamente adoptada.

Al cabo de pocos días fuí al Recreativo y al acercarme a la mesa de las personalidades de la población, reunidas para jugar al «canario», noté en los asistentes una singular seriedad. ¡El señor Cotoliu disponía del uso de la palabra! Hablaba de lo que él llamaba el accidente de la calle Estrecha. Hablaba de ello de un modo desligado y ecuánime. Las opiniones, las observaciones del señor Cotoliu, eran consideradas de peso, importantes... Todos escuchaban...

—A mi entender —decía— la decisión del señor cura es admirable. Mosén Frederic, que es un santo varón de mucha experiencia y sabiduría, ha examinado el asunto desde el ángulo más justo: ha partido del hecho de que el accidente era una gran desgracia. Ha resuelto la cuestión con independencia de toda consideración sentimental. Si se hubiese dejado influir por esta clase de consideraciones, el desorden habría aumentado y de desorden ya ha habido bastante y de sobra. Ha inspirado su decisión en un principio justo y eficaz: ha creído que la desgracia sólo podía ser paliada eliminando de la solución del accidente la posibilidad de que la miseria aumentara la gravedad.

De los tres pretendientes no hay ninguno que sea rico, ciertamente, pero entre ellos se puede establecer una jerarquía de posición social presente, inmediata. La del mecánico es muy precaria. El practicante de la farmacia quizá sea un hombre de posibilidades el día de mañana; en la actualidad se habría visto en verdaderos trabajos para mantener a una familia. De los tres, Ramón Farnés, leñador, es el que se gana mejor la vida, el que por ahora es más pudiente. Colocando la solución del problema sobre las espaldas más sólidas y de más aguante, creo que el señor cura ha dado pruebas de una visión y buen sentido admirables. Eso es una solución auténtica porque elimina los peligros que habría podido tener, en el futuro, cualquier otra decisión. Creo que la cuestión se puede dar definitivamente por acabada, por felizmente resuelta... Aclarada y superada.

—La explicación que nos acaba de dar el señor Cotoliu —preguntó el abogado Pairet—, ¿proviene simplemente de los hechos comprobables o es una simple hipótesis basada en opiniones generales?

—Usted dirá... Yo no puedo admitir más que opiniones personales, como comprenderá. Ahora bien, la verosimilitud de mi explicación es indudable.

—En definitiva, usted cree, pues, que la situación ha sido resuelta a base del pretendiente más relativamente rico, del más adinerado.

—Así lo creo, en efecto, y añado que esta solución es, de todas las posibles, la más razonable, la más certera socialmente hablando.

¿Quiere deducir que la riqueza, que en este caso es una riqueza infinitamente relativa, es una solución infalible en todos los casos?

—¡Dios me libre! Es una solución que a veces

será buena y otras fallará. Añadiré que, en cambio, la solución contraria habría sido (a menos que se hubiera producido un milagro) indefectiblemente un desastre.

Casi todos los asistentes asintieron a las palabras del señor Cotoliu de una forma franca, indudable. Por otra parte las preguntas del abogado Pairet no habían sido formuladas con el deseo de llevar la contraria, sino simplemente con un sentido de información, de natural curiosidad. La presencia en la tertulia, aquella tarde, de mosén Gratacós y el semblante de absoluta pasividad que adoptó durante el diálogo aumentaron la presunción de cosa verdadera en la explicación del señor Cotoliu.

Después, una buena parte de aquellos señores se pusieron a jugar al «canario» como hacían cada tarde.

Para descargar a Francisqueta de sus preocupaciones originadas por la obsesión de saber «qué intención había tenido el señor cura al designar al leñador», preocupaciones que en la cocinera iban en aumento y empezaban a constituir un peligro para la buena marcha rutinaria de mi modestísima casa, consideré necesario explicarle lo que me había dicho el señor Cotoliu. Francisqueta me escuchó con los brazos cruzados y con una admirable atención. Al terminar la explicación Francisqueta dijo que, a su manera de entender, el señor cura había obrado santamente, y con un juicio que nunca sería bastante elogiado. Para demostrar sin duda hasta qué punto ponderaba este juicio, cerró algo el ojo izquierdo y se pasó la lengua por los labios. Así, después de tantos días de agitación, entramos de nuevo en la calma.

XLI

CON todo eso llegamos otra vez al buen tiempo. Hoy, día 11 de mayo, es San Poncio. Esta última semana ha hecho un tiempo excelente: ha llovido mansamente, pausadamente. Los campos están verdes, los tallos del sembrado son jugosos y llenos. Las márgenes están llenas de amapolas. Con el agua que ha caído, los árboles — que están floreciendo — viven bien. «Mi corazón ama a un árbol»…, dice el poeta. Yo también amo a los árboles. Los quiero entrañablemente. Las hierbas en los campos están de un verde sabroso. Los animales comen a placer. Mi trabajo, en las masías, ha disminuído notoriamente. Es lo que debe ser. La frescura de las hierbas da a los animales una admirable salud. Las vacas que en invierno son tan tristes, inmovilizadas en el establo, ahora engordan y dan una leche excelente.

Por San Poncio florecen las rosas rojas que llevan el nombre del patrón del día. En los pequeños jardines familiares de Torrelles existen muchos rosales de San Poncio. Tienen una carnosidad densa, de un tejido mórbido y suave. Pero estas rosas, tan bellas a la vista, de una prodigiosa fascinación, no tienen el perfume de su belleza. Quizá son demasiado bellas de forma para que puedan tener alguna otra excelsa calidad. La flor de las acacias tiene un lento vaho, más delicioso, más embriagador. Después de llover, este perfume nos invade con una intimidad dulzona y femenina, perturbadora. Soy también un amante de los alborotados chubascos primaverales. Sensibilizan, estilizan todos los perfumes de las flores de la tierra. Las hierbas más humildes, con la lluvia, exhalan un olor exquisito. Yo no sabía, por otra parte, que los ruiseñores llevaran sus cantos al máximo frenesí en los días de lluvia. Cantan, cuando llueve, con unos gorjeos de una calidad aceitosa, aterciopelada, granada, con una fuerza casi frenética. No ha de llover demasiado, claro está. El ideal del ruiseñor es que vaya lloviznando vivamente. Todo esto yo lo ignoraba y lo he aprendido justamente en Torrelles.

Y de las legumbres del tiempo en este país, ¡cuántas cosas podría decir! Las habas, los guisantes — ¡ah, los guisantes! —, las pequeñas alcachofas, las patatas tempranas, los ajos y las cebollas tiernas, qué delicia, ¡válgame Dios! ¡Qué delicia terrenal! Estas calidades en este tiempo llegan a la mesa con una absoluta perfección, con una decisiva finura. Francisqueta, en la cocina, alcanza momentos de gran lucidez. Guisa unas pequeñas cazuelas prodigiosas — de costillas de carnero lechal con patatas, guisantes, alcachofas y habas. No se puede pedir más. Las verduras y legumbres del tiempo consiguen la máxima delicadeza cuando se pueden comer en su propio tiempo. La clave de su calidad es el respeto por su localismo. Son cosas que no quieren ser transportadas, ni viajadas, ni desplazadas lejos de los lugares donde han visto el sol y donde se han hecho. Es el mismo fenómeno del pescado. Los viajes forman a los hombres — se suele decir. Los viajes deforman, entristecen y estropean las verduras, las legumbres y el pescado. Y esta es otra verdad absoluta aprendida por mí en Torrelles.

Todo eso naturalmente está muy bien, pero a veces miro hacia atrás y pienso en el año que acaba de transcurrir tan rápidamente. Es el primero de mi vida que

he pasado íntegramente en un pueblo. Y me pregunto:
¿Conviene quedarse, enraizarse definitivamente aquí
o en otro lugar parecido a Torrelles? ¿Una solución
de esta clase puede ser considerada como una solución
de la vida? ¿No convendría desplazarse un tiempo al
extranjero, dedicar una temporada — si fuera posible
una larga temporada — a la parte especulativa y de
investigación de la carrera? Mi profesión — la de veterinario — tiene en nuestro país una consideración
social muy pequeña. Ser veterinario es exactamente no
ser nada. Es muy posible que un día u otro, más adelante, yo comparta esta idea que esgrimen tantos y tantos compañeros míos, fatigados y desmoralizados. Pero
por ahora no me hago solidario de esa idea. Mi ideal
sería, por el contrario, entrar seriamente en mi profesión. Me gustaría seguir unos cursos en el Instituto
Pasteur de París. Si mañana pudiera marchar, no du-
daría ni un momento. ¿Me será algún día posible tomar esta determinación? Por ahora, en todo caso, es
éste mi único problema. La vida de pueblo me da un
poco de miedo. Siento el peligro del náufrago a cada
momento — del naufragio de sentirme un hombre satisfecho, saturado, catalogado definitivamente. Frente
a la comodidad que ofrece esta vida he de hacer un
esfuerzo para no dejarme invadir.

Este esfuerzo lo he de realizar ahora que estoy a
tiempo. Más adelante no tendría bastante fuerza moral
para ofrecer la mínima resistencia.

Hemos entrado, pues, en el buen tiempo, y la primavera se ha apoderado de la calle Estrecha.

Se han producido algunas novedades en las personas que aparecen en este libro tan ligeramente evoca-
das. En realidad no se ha producido nada espectacular,
nada que la literatura grandilocuente y noble consi-

derara necesario — ni tan sólo posible — recoger. A la gente gris, opaca, corriente, que puebla la superficie de la tierra, no le ocurre nunca nada de particular, nada nuevo, nada importante. La vida empieza, la vida continúa, la vida se acaba en circunstancias más o menos parecidas, disponiendo de más o menos dinero, con más o menos sensibilidad, con más o menos lucidez. En realidad no pasa nada más. ¿Las novelas...? ¿Dónde están las novelas? Las novelas no existen más que en la imaginación de los novelistas, sus personajes son puras ilusiones de su espíritu, que los lectores confunden, por espíritu de modestia, con ellos mismos. Un mundo activo, actuando — ¡de qué manera! —, pero que no puede expresarse, es el que explican las novelas. Pero la acción de las novelas es el secreto de quienes las leen.

Después de un año de convivencia, los sentimientos de Francisqueta se mantienen inalterables. Me trata con espíritu maternal, alternando los momentos de efusión con los de displicencia. En la vida, probablemente, no se puede pedir más. Los sentimientos son una cosa ondulada, suben y bajan con mayor o menor suavidad. Francisqueta me ha dado innumerables pruebas de auténtico afecto, casi diría de ternura. Ha dispuesto de un órgano admirable para demostrar lo que siente por mí: la cocina. A veces ha hecho una cocina de auténtica delicadeza. Yo he tratado de corresponderle siempre con la mayor corrección de que he sido capaz. Pero estoy seguro de que más de una vez se ha preguntado *in mente:* «Este estafermo de veterinario, a quien sirvo, ¿quién diablos debe ser? ¿Por qué razón se encuentra tan a menudo ante mi presencia?» De la misma manera que yo me pregunto a veces: «Esta mujer que trastea por la cocina, que corretea ante mí, ¿quién es? ¿De dónde ha salido? ¿Por qué razón se halla en la visibilidad de mi vida?» Francisqueta y yo podríamos vivir veinticinco años seguidos bajo el mismo techo, en la misma casa, en la misma situación actual, y no creo que nuestra relación cambiara ni quedara afectada por ningún hecho insólito ni por ninguna novedad apreciable. Cuando una relación humana llega a equilibrar el afecto y la ironía, la cordialidad y la reticencia, logra un punto de madurez que la hace importantísima. Es como una relación matrimonial que hubiera conservado todas las cualidades y hubiese perdido sus defectos.

Con la aparición de la primavera, las cosas adquieren movimiento. Este movimiento ha llegado, como es natural, a Torrelles, y de una manera concreta a la calle Estrecha. Coincidiendo con su aparición se produjo la pérdida definitiva de uno de los personajes que figuran en este libro. El abogado y propietario Roig, hombre riquísimo, tenido por avaricioso, murió a principios de primavera. Su muerte pasó desapercibida como tal muerte; su fortuna constituyó un pretexto de conversación durante muchos días. Francisqueta se afectó sinceramente. Fué quizá la única persona de la población que sintió la pérdida del señor Roig de una manera positiva.

Los sueños de la señorita Remedios se han aguzado notoriamente con el trino, dulce y precioso, del ruiseñor. Se ve que esta señorita sufre; son los misterios de la naturaleza. En cambio el relojero Massaguer se mantiene tan externo, tan teatral y pantomímico como siempre. La germinación universal no le afecta lo más mínimo. Como todas las personas con alguna veleidad artística es un verdadero adoquín. A este buen señor Massaguer le ha salido un forúnculo en el cuello que le obliga a llevar pañuelo de seda blanco y a caminar rígido, como un estafermo. Esto ha modificado un tanto el personaje plácido y estoico que representa habitualmente. Esta modificación ha representado la entrada de un nuevo elemento en la calle Estrecha. Pero el Massaguer encorsetado del grano en el cogote ha sido considerado por su esposa como una nueva demostración de la permanente estulticia de su marido. El señor Valls se mantiene siempre igual: monótono, cumplidor, automático, flotando en un denso tedio. Roseta, la jorobadita, teje como siempre: la aparición del buen tiempo ha subrayado, quizás, su aire pálido y enfermizo. Juan-qué-hora-es ha envejecido apreciablemente: Baldiri avanza con paso muy firme hacia la plenitud de su raza. El alpargatero, señor Pujol, mantiene su absurda promesa; «Murillo» corre en tanto por las calles y entra, sin protestas, en los cafés. Su dueño es un doctrinario; el perro, un empírico. El mundo está construído de este modo. La propietaria de la crepuscular taberna espera la aparición del mal tiempo y las hecatombes de pájaros. El marido de la pobre Teresa continúa mudo en casa y locuaz en la calle. Teresa, por el contrario, va declinando en una uniforme y esencial tristeza. La señora Massaguer ha enviado a comprar más camisas brocadas a la calle de la Boquería, pero — ¡pobrecilla! — las pasiones del amor siguen pasando muy altas. El peluquero todavía se resiente de la singular aventura de la muela. Ha quedado tan apabullado por el ridículo que no sabemos si levantará cabeza. Sus amigos afirman que si no se produce un milagro no va a cocérsele fácilmente el pan. Está ya muy cascado. El bar Montseny espera de un momento a otro ser puesto del revés como un calcetín: la terraza nos aguarda. El propietario ha dado una mano de verde a la regadera pequeña. Las tertulias permanecen inmutables, los comerciantes siguen de un pesimismo radical, los jugadores de «canario» continúan en su mesa con el paño verde, firmes como rocas y Ramonet guiñando su ojo vivaz. Doña Pura ha experimentado a pesar de sus años, una reacción viva; se encuentra como las propias rosas, gracias a Dios. Las tristes y ávidas parientas no acaban de comprenderlo: la espera las hace languidecer. Montserrateta y su esposo viven en el bosque y oyen al ruiseñor, vivo, caliente y enamorado, cada noche... La señora Elvira sigue desempeñando su mortecino papel de enferma crónica y se encuentra en el tradicional estado estacionario de siempre. Resumiendo, la vida — la vida al fin y al cabo — continúa en nuestra calle Estrecha.

Colección Destinolibro